與棒球公式的經典對話

The Classic conversations with Baseball formulas

孫唯洺 著

自序　斜槓雙刀流，勇闖人生經典賽

「假如大家認為不努力也會成功的人是天才，那我不是；但假如經過努力之後完成目標的人被稱為天才，我想我就是。」這是來自鈴木一朗的名言。

一朗曾獲日本聯盟多次的打擊王及金手套的榮耀，也曾得過數個球季的MLB美聯安打王。如此巨星般的表現，使得他能獲美聯新人王及MVP的榮譽，一點都不意外。

畢竟，能在MLB打球已經是很多選手一生的夢想。一般而言，打擊率維持在2成5左右已經算是不差的選手，更何況一朗在MLB生涯的平均打擊率竟然還超過3成。

值得一提的是，他曾經在一整個球季的打擊表現超過260支安打，正因為一個MLB選手的球季平均安打數是150支，各位朋友想想：一朗足足是比平均值多了110支以上。

因為**他做到了很多巨星做不到的事**，所以被稱為「一朗傳奇」！

◆緣起

筆者研究高中數學，在教學超過25年的時光中深刻體驗到學生對「數學公式」學習的不安全感。另一方面，筆者亦熱愛棒球，在指導高中棒球社團的經驗中，感受到棒球比賽無法抗拒的魔力。

有鑑於此，筆者決定將**棒球比賽**與**數學公式**結合在一起，努力融會貫通後與生活對話。若有表達不周之處，還請各界前輩不吝指教。

本書旨在用棒球比賽的「常用公式數據」化身成為生活上應用的**68句經典「洺言」**，經由各種數字的剖析，對照成為日常生活之心境掌控。再者，透過生活故事或心情體驗之沉澱，編寫成適合「與棒球對話」的心靈勵志品文，期待你會喜歡。一直以來，筆者醉心於一個棒球公式，那就是OPS（On-base Plus Slugging 攻擊指數）**=上壘率+長打率**，這個公式呈現出該打者在球場上**對球隊直接或隱藏的打擊貢獻程度**，因為球隊想要贏球必須要得分，想得分必須有球員「**上壘**」，而球員上壘除了需謹慎選球獲保送之外，還要出現安打甚至是「**長打**」才能讓球隊得分。

值得注意的是，球員的「上壘率」成為得分關鍵，也是球隊（教練）信賴球員的試金石。至於好的「長打率」需要天分，這個是可遇不可求，因為不是每個球隊都會有好幾個明星球員，隨便一揮就是二壘安打或是全壘打。

◆「訂單多」優秀？還是「業績好」重要？

同樣的道理，不是每一家公司的業務員都有機會「經常拿到訂單」，也是會有業務員好幾個月沒拿到訂單甚至繳白卷。然而，就是有業務員天賦異稟，他們可能不常拿到訂單，但一拿到的「業績量」就會是就別人的好幾倍。相反的，如果有員工**心理素質不佳**，被主管或客戶指責就萌生退意，甚至沒多久就消失在某個職場領域中。這種情況與職棒場上不受教練信賴或者找不到突破方式就放棄相似。

易經有著類似的卦象「蹇卦䷦」表示進退兩難，此時應虛心求教、等待時機才是。**棒球比賽也不是每局都會有很好的攻勢，有時得要學習觀察、耐心等待**。

特別的是，筆者喜歡形容「**訂單多**」的業務，對應到的表現指的是「**上壘率高**」的職棒選手；而「**業績好**」的業務，對應到的表現指的是「**打點高**」職棒選手。

前者個性積極、處事效率高，有著廣大人脈經營的處世模式，堪稱一絕；後者眼光獨到、謀定而後動，掌控重大營運的鋪陳布局，勢在必得，無人稱其右。如果你問我哪一種人才重要？

當然是兩種我都要。因為訂單多需要的是「**人脈**」，而業績好才會有「**財富**」，不是嗎？

球員上壘率是球隊得分的關鍵；同理，業務是否有訂單，也是公司續命的核心價值。

通常球員在關鍵時刻有好的表現，除了本身要有強烈贏球的企圖心，更重要的是教練團給予無比高度的信任，無價。
同理，超級業務員也要有這樣不服輸的人格特質。

◆從超強OPS談到「斜槓二刀流」

MLB的洛杉磯天使隊Mike Trout，他的年薪超過3千7百萬美金，有著MLB超過1以上的OPS及多次的年度MVP。不過享有如此盛名的他，也必須面對2023年世界棒球經典賽中，在冠軍賽被日本隊大谷翔平三振的窘境。最後Mike Trout被大谷三振的球路是類似滑球的一種球種，賽後專家們認為這一球向外角平移超過40公分，如果Mike Trout打不到，那麼地表上應該就沒有人類能打得到大谷這顆球。棒球如此，生活也是，**再強的人也會有遇到挫折的時候，只是他們恢復的比我們快、韌性比我們好而已。**

大谷翔平(Shohei Ohtani)成為MLB史上第一位同時以投手和打擊者身分入選「明星賽」的人，如此熱愛棒球的他表示自己找不到比棒球更有趣的事物。

當然有時像大谷這種頂尖競賽型的強者必須學會面對「**孤獨**」與「**寂寞**」。因為他平常除了比賽及必要的練習之外，就是睡覺，大谷每天要睡足10小時以上，吃足睡飽才能正常面對比賽，表現出好成績。

但是**孤獨不是孤單，它是一種寧靜，一種鬧中取靜的不平凡。寂寞也不是落寞，是另一種沉澱，一種了然於心的定心丸。**

真正的頂尖高手在面對「**孤寂**」時，通常會設身處地模擬處世情境，然後轉化成為難得可貴的享受(Enjoy)。一般而言，在同一個工作環境中有時會存在著兩種截然不同的工作型態，而有人可以將這兩種工作模式並存handle得很好，說穿了就是一種**資優斜槓**。像大谷就是很特別，他可以不時在「打擊區」與「牛棚」像個孩子興奮似的來回穿梭，有著隨時想要準備上場好好玩的衝動，如此的左右逢源、怡然自得，不就是已經**掌控孤寂**成為享受了嗎？

我記得美國有一位非常優秀的大導演Scott Rudin導過《修女也瘋狂1.2》、《楚門的世界》、《飛越情海》等多部膾炙人口的作品，獲得奧斯卡最佳影片獎之後，又以《音樂專輯》獲葛萊美獎，儼然就是橫跨電影與音樂的雙頂尖斜槓，也闖進了他人生的經典賽。

所以易經也有著類似的卦象「比卦䷇」，比喻團結順從。此時眾人步調一致，會一起好好幫忙治理這個團隊。因此，多才多藝的斜槓表現不是不可能，要看你怎麼順勢配合自己的才能，找到對的地方發光發熱。本書《與棒球公式的經典對話》為求日臻完善文圖並茂，筆者邀請網路名畫家Mily跨刀合作數十張符合單元主題的棒球插圖，期待能更趨近於棒球勵志叢書的文圖斜槓作品。

◆11局下半2出局

最後想跟各位分享，本書的書名其實原來是「11局下半2出局」，因為：

第一、「11局下半」意味著**生活的氛圍上充滿了「延長加賽」**，因為變化一旦出現，我們的心態就得調整，經由策略運用才能看見希望、破繭而出，成為浴火鳳凰。

第二、「2出局」的核心價值在「**堅持不放棄**」，因為有時候雙方的情勢是相對的，唯有不斷的與對手纏鬥並消磨其體力及耐性，直到對手發生失誤，再給予對手關鍵致命的一擊。

本書因著盱衡**棒球公式**的精準詮釋，正式命名為「**與棒球公式的經典對話**」，其實是要透過生活體驗之心情寫照，進化編寫成適合**「棒球人生」的2.0版本**。以淺顯易懂的**故事、文字及數字來比較**，串連五大主題，盼能激起球迷朋友的生活正能量，面對困境還能沉得住氣，逐步向前、翻轉人生。

P.S.截至本書出版前夕，大谷持續用他火燙的棒子（14場比賽12支長打）打破高懸超過120年的隊史紀錄，難怪道奇會用史無前例的10年7億美金挖角，也讓Ohtani的身價超越了足壇天王Messi（年薪US 5400萬）及籃球巨星LBJ（年薪US 5000萬），令人嘆為觀止。

孫唯洺　謹識 于台北

目次

自序　斜槓雙刀流，勇闖人生經典賽　3

壹　打擊篇

對話01　「適時安打」提升的不只是打擊率　17
對話02　棒球場上必點的開胃菜　24
對話03　大型考試（棒球季後賽）的重點訓練　28
對話04　想得分，就得持續纏鬥：提高上壘率　38
對話05　企業沒有訂單（球賽沒人上壘），如何求勝？　49
對話06　所有的犧牲推進，都是為了站上「得點圈」　68
對話07　給我全壘打HR&打點RBI，其餘免談　79
對話08　完美爆發力：整體攻擊指數　88
對話09　是英雄造時勢？還是時勢造英雄？　96

與棒球公式的經典對話 12

貳 投手篇

對話10 為了「勝投」而生的男人 109
對話11 關於投手的防禦率與被上壘率 117
對話12 七彩變化的三振Strike Out：棒球場上最好吃的甜點K9 128
對話13 想要成功，除了隊友的幫忙，還要有運氣 140
對話14 中繼／救援成功：安全感十足的守護神Closer 148
對話15 人生勝利方程式 160

參 防守篇

對話16 投手摯愛：Double play 171
對話17 絕處逢生：安打總在雙殺後 180
對話18 球員的夢魘：失誤and觸身球 192
對話19 速度與臂力的對決：盜壘VS阻殺 201

對話20 金手套：Nice play 208
對話21 難得一身好本領 最佳十人：天生英雄命 216

肆 裁判、教練篇
對話22 好球帶：投打心情的美麗與哀愁 231
對話23 電視輔助判決：甘冒天下之大不韙？ 244
對話24 信賴球員作他擅長的事：Be a somebody 257

伍 球場風雲篇
對話25 投打雙刀流：資優協槓、人生雙贏 269
對話26 女神啦啦隊：買票進場、多重享受 279
對話27 球迷的野望：「連勝讓人亢奮，止敗更令人心醉」 294

參考文獻 311

2出局的核心價值在「堅持不放棄」，不斷的與對手「纏鬥」。

壹

打擊篇

對話01 「適時安打」提升的不只是打擊率

AVG＝
安打數/打數

關於打擊率(Batting average)，其中公式中的分母**是打數**，**不是打席數**（包含打數＋四死球數＋高飛犧牲打數），因為四死球及高飛犧牲打的次數如果要加在分母，就會無緣無故降低了打擊率，且數值不夠客觀。值得注意的是，聯盟官方會規定每場比賽的打席數必須達3.1次以上才會列入正式成績計算及排名，否則如果只有一次打數就打安打，那不是打擊率十成嗎？

一般來說，每場比賽先發的選手平均大概會有4次打擊，而面對各隊不同類型的投手每場能夠打出一支安打或者選到保送就算是完成基本任務，即便是該場比賽球隊輸球也不容易成為被檢討的箭靶。接下來，我們來進行2個打擊率的個案分析（A與B）：

先看個案A，假設每週有五場比賽，正常先發選手每場4次的打數中可能會有1至2次的打席是被保送或者提早被教練換下去，加上**如果選手狀況不佳**，或者**對手的防守表現太好**，就有可能造成整場比賽沒有安打的情形出現。

我們來看以下這位選手小洺一週的五場比賽打擊的狀況，也能作為各位球迷朋友分析的參考：

個案分析 A

該週場次	打數	安打數	狀況
第一場	4	1	普通
第二場	3	0	不佳
第三場	3	2	很好
第四場	5	1	勉強
第五場	2	0	可惜
整體表現	17	4	$\frac{4}{17}=0.235$（差強人意）

以小洺整週的表現來看，筆者定調為「差強人意」，但這要視各場比賽的狀況來下斷言，這樣對打者比較公平。

◆進階分析個案A

1. 第二、五場比賽沒有安打表現且**如果球隊又輸球**，那就不妙；先不論教練怎麼處置小洺，光是要面對社群球迷的指責就夠他受的。
2. 第二、五場比賽沒有安打表現，但**如果球隊幸運贏球**，那倒也還好，至少後座力不會像輸球那麼大。
3. 第一、四場比賽雖然都只有一支安打，但如果造成**打點**，表示小洺仍是有貢獻的。
4. 還好第三場比賽打了2支安打，或許這兩支安打沒有營養，但教練應該會去了解後面的棒次為何不夠盡力。
5. 特別的是第五場比賽雖然只有兩次打數且沒有安打，但有可能是這兩次打擊剛好遇到對手精湛的**防守(nice play)**沒收了安打，打者只能徒呼奈何！
6. 承5，因為安打數是零，卻**隱藏**了可能形成安打的精彩內容，而另外兩次打席可能是靠著好的選球能力而被保送，或者是犧牲短打助功隊友上壘而不計打數，最後有可能球隊因此有人回本壘得分，這種貢獻從安打帳面上是看不到的，實為可惜。**如果我是教練，下次一定還會重用這位選手。**

筆者研究數學教育統計多年，同意一件重要結論，那就是：「**統計數字會正確說話，但有時也會有錯誤引導。**」尤其是在棒球世界中，你看到的數據可能已經不是你想像的那麼簡單，所以，請不要完全相信。

再來看個案B，小騰一週的五場比賽打擊的狀況，很明顯在數據表現上比個案A選手理想。

個案分析 B

該週場次	打數	安打數	狀況
第一場	3	1	不差
第二場	4	2	很好
第三場	2	0	可惜
第四場	4	1	普通
第五場	3	3	非常好
整體表現	16	7	$\frac{7}{16}$=0.438（相當不錯）

以小騰整週的表現來看，筆者定調為「相當不錯」，同理這也是要看各場的個別狀況來下判斷喔！

洛言1

欣賞球員表現的優劣，好比評估學生數學程度的好壞，不能只看考卷分數，還得看他們卷面上「毫不起眼」的計算過程。

◆進階分析個案B

1. 第三場比賽2打數沒安打且**若球隊又輸球**，那就會成為敗戰的箭靶。全世界都一樣，一旦船沉了，有人就是會成為「戰犯」被拿來公審，真的可惜。

2. 第二、五場比賽的安打數都在2支以上，尤其是第五場還是猛打賞（3支），所以就算球隊輸球，也不能怪小騰。頂多只能說他打擊時得點圈沒人，所以無法有打點（Run Batted in：安打造成壘上跑者回本壘的分數，包含他自己）。

3. 第一、四場比賽的安打雖然都只有一支，但如果恰好造成打點，表示對小騰而言，這場比賽已經完成該有的任務，因為**安打就是要花在刀口上，球迷可能只記得他這次打點對球隊的幫助，而忘了小騰在其他次的失敗**。

4. 好的教練要懂得掌控狀況好的選手，因為「千里馬易得，伯樂難求」，如能在最適當的moment推出強棒，才會出擊致勝，展現頂級教練的功效。

好的「選球能力」，有時候也是形成安打的關鍵指標。
更重要的，安打得花在刀口上。

你知道嗎？有人就是天生的「英雄命」，還記得2023年WBC的半準決賽(semifinal)，日本對上墨西哥，九局下半日本隊最後反攻，當時落後一分4比5，一、二壘有人，輪到第五棒村上中隆第5次上場打擊。

在此之前村上已經被三振3次以及1次沒營養的高飛球被接殺，所以在這打擊的當下網民就譏諷他為「村民！」「真的要讓他繼續打嗎？」

結果村上瞄準第一球，直接打向中左外野warning track並彈回球場形成一支帶有2分打點二壘安打，這是勝利打點、更是再見安打6X比5。（說明：X代表後攻的球隊贏球提前結束比賽，下半局不須再進攻的符號），在這瞬間，日本網民跪拜他成為「村神」。

筆者在對話7就會專門介紹「打點」，其實那是對球隊真正有貢獻的大補丸。換言之，**「得點圈的打擊率」愈高的選手**，才是真正球迷的英雄。

洺言2

如果他長期以來表現一直很好，只是最近比較差，那你更應該再多給他一次機會，去證明他自己。

對話02

棒球場上必點的開胃菜

大部分的球迷應該比較喜愛看安打或甚至全壘打齊飛的煙火秀**打擊戰**，勝過超強的投手用優異的表現主宰投手丘的**投手戰**。主要是打擊戰比較容易炒熱球場氣氛帶動票房，引發球迷主動掏腰包買票進場看一場棒球饗宴。因此，「安打」成為棒球場上必點的開胃菜，因為場上有人在跑壘，球隊氣勢就會不一樣，球迷心情被牽動也會跟著開心。值得了解的是，球員的安打數多，相對的「打擊率」也會提高。然而，職棒選手到底打擊率多高才算好呢？MLB選手整個球季的打擊率均標大概是2成5上下，如果可以打到2成8，就幾乎可以算是聯盟的**前標**了。關於職棒選手的打擊率**五標**與**百分位數**的關係，考過大型考試的人應該都有印象吧！

五標等級	打擊率
頂標	第88百分位數
前標	第75百分位數
均標	第50百分位數
後標	第25百分位數
底標	第12百分位數

拿過多次MLB打擊王的Tony Gwynn，其**打擊率**維持在3成6左右，如此神人般的表現，加上他經常入選明星賽，最終**獲選該隊名人堂**當之無愧。筆者把大聯盟選手其打擊率區分成八個等級，有趣的是，即便是超級球星Mike Trout及村上中隆，兩人在球季賽頂多也是2成8而已。所以球季的打擊率能夠達3成1已經令人覺得可怕，更何況是Gwynn這種卓越的表現。

程度等級	打擊率
神級	3成8以上
卓越	3成4以上
優秀	3成1（頂標）以上
不錯	2成8（前標）以上
尚可	2成5（均標）以上
勉強	2成3（後標）以上
不好	2成1（底標）以上
很差	1成5以上

正常來說職棒球賽，都會把該隊**打擊率最高**的球員視作**打擊王**，並設置獎項來激發選手更好的成績。

一位擁有高上壘率的球員，除了要有不錯的「選球」能力外 ，還要能揮擊出「安打」，證明自己。

厲害的打者心中都有一種想法，那就是「讓投手怕他多一點」。如果打者平日的打擊表現，其企圖心能夠讓對方投手群都懼怕，那麼他一站上打擊區，氣勢應該已經贏一半了。

未戰而先屈人之兵，這就是投打縝密的**心理作戰**！

在大聯盟的生涯打擊率維持在3成以上，也曾獲多次**打擊王**的巨星——Tyrus Cobb，有人描述他一站上打擊區時就彷彿有一股颶風向投手丘席捲而來，而Cobb就站在這個風眼的位置瞪著投手你……

*****

投捕配球被打者猜中，這球可能就形成深遠的二壘安打或者直接飛出牆外成全壘打；**打者猜不中投捕的配球**，這球可能就形成擦棒界外球甚至最後就是三振。

「這就是棒球，是運動，也是教育、是銷售，甚至是廚藝、穿搭，是音樂、是編導，終究這還是愛情、是人際互動……」**「中不中」的道理與球賽是相通的**，這也正是我們的人生。

洛言3

凡事站在對方的立場想，溝通的「贏面」比較大。

對話03 大型考試（棒球季後賽）的重點訓練

For 頂尖考生

筆者教高中數學。

在教學時光的後期，正逢新型大考學測教育體制的改革。數學這一科在考題的呈現上十分重視概念呈現、程序計算以及推理解題，加上108課綱強調**生活素養**題的應用，很多學生研讀得很辛苦。如果學生還是沿用準備國三升高一的會考模式，去面對升大學的學測考試，大部分考生可能會考的不理想，甚至會崩壞、放棄。

筆者教過各種能力程度不同的學生。

有人天資聰穎卻不知用功，也有資質駑鈍的孩子，很想念書但是礙於考試範圍太大而負荷不來。

大考中心在高中數學這一科，**用題目挑學生**的傳聞是早有的事，學生在**代數**、**幾何**、**三角**、**排組機統**、**矩陣以及微積分**這些單元如果沒有累積淬鍊出一定的火候，很難會有好的表現。

筆者認識一個高二升高三的學生名小緯，他的程度不是很好，段考成績60幾分勉強及格，家境清寒，學習態度算是不錯。高二下學期有一天他來找我，詢問應該如何準備學測？

我跟小緯說以他現在的狀況來看，學測表現應該是只有後標、沒有均標，要多努力才行。後來我給小緯一張「重點訓練圖表」，他看了一下說他想試試。

*****

四個月後第一次模擬考結束他來找我，他說數學考38分已有達均標（註：模擬考均標大概31至34分），我跟他說要繼續加油！聽小緯說他們班有一個成績不錯的同學，模擬考47分達前標，他對小緯說那張「重點訓練圖表」正常人應該是做不到，做得到應該就是瘋子。另外他約小緯看要不要跟他一起去補習，但小緯表示家裡沒錢只好婉拒他。

又經過三個多月，小緯來跟我說謝謝，他模擬考45分又進步了，臉上同時露出自信的微光。

後來學測成績公布，我聽說小緯他們班那位同學考63分，我認為能夠及格已經相當不錯。

接著我直接問小緯：「那你考多少？」

「我數學成績68，多謝老師指導。」

看見他身上多了一份內斂謙誠的涵養，我直覺這傢伙還會再進步。放榜消息傳來，小緯考上淡江大學工學院資工系。

畢業那天小緯來找我聊，問我說「重點訓練圖表」為什麼要這樣設計？

「跟**棒球比賽**有關吧！」我這樣回他。

接著我順手在圖表旁邊加上了中括號【】說明，算是送他的畢業禮物。筆者設計準備考試的「重點訓練圖表」說明如下：

重點訓練圖表

三個階段：

(1)學測剩 9 個月。　(2)學測剩 5 個月。

(3)學測剩 2 個月。

四大主題：

(1)各單元重點觀念。　(2)各單元重要題型。

(3)近八年學測考古題。　(4)近八年模擬考題。

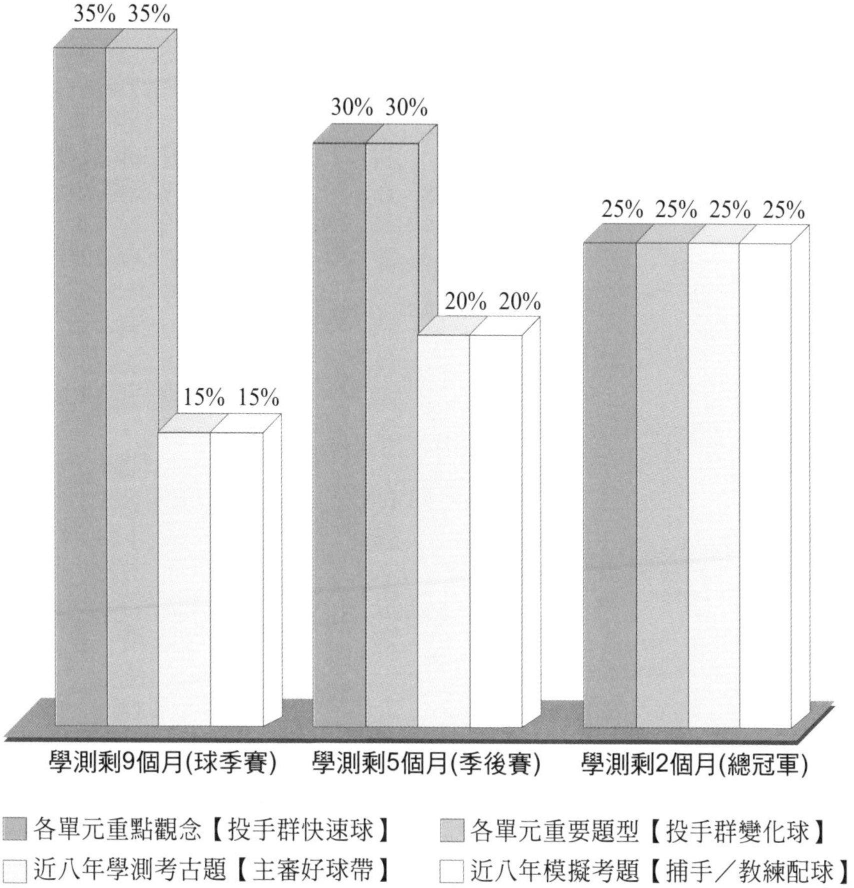

重點訓練圖表／每7天演練6天
考題練習比例【模擬對手各種配球】

洛言4

真正的「棒球」生活是被對手打掛99次，然後站起來100次，而第100次是站起來將對手擊倒。

同時，筆者提供《提升考試正能量「有效擊出安打」的五大訓練關鍵》：

1. 當學測從剩下9個月到5個月，準備重心是各單元的**(1)重點觀念**及**(2)重要題型**為主。
2. 當學測從剩下5個月到考前，準備重心漸漸移至近八年**(3)學測考古題**及**(4)模擬考題**為主。
3. 當學測從剩下2個月到考前，每週七天必須要演練六天（**休一天**），且四大主題都要研讀。
4. 各單元(2)重要題型是全國各類型高中老師研發變化題型的資料庫，應該要經常演練。
5. (3)學測考古題是歷屆教授命題的好球帶，不熟悉的同學會吃大虧，不容忽視。

曾獲日本職棒全壘打王、打點王的野村克也不只是位厲害的選手，同時也是偉大的教練。

他還以擅長的重要資料分析I.D野球(Important Data Baseball)，強調「資訊建檔」的重要性，必能在之後的交手會有比較好的主導優勢，贏得勝利。 棒球比賽是如此，升學考試又何嘗不是？

洛言5

「有效計畫」讓人成長，「時間」要花在刀口上。

在職棒場上維持高檔的「最佳十人」是一朝一夕苦練所得，所以若沒能將他們身上的超高球技與心理素質做世代傳承，損失最大除了球團本身之外、還有球迷。

同理，在教育學習的考場上也是如此。

＊＊＊＊＊

時光風馳電掣般四年過去了，考上淡江大學資工系的小緯來找筆者，說是要謝謝我之前的指導。

「如何？上了大學有什麼不一樣？」「嗯，的確不一樣，不管是升學還是做研究，主要都是看專業科目的學習狀況。」「那你有在準備什麼嗎？」

「有在準備繼續升學考研究所，專業科目主要是：**計算機數學**、**程式設計**、**計算機系統**。」「還要研讀近**十年各校的考古題**」「喔……這些專業科目都不容易準備呢！那你有好消息嗎？」

「老師，我考上陽明交大資工所，然後……我打算加入他們學校的棒球隊！」

四年前他身上出現一份內斂謙誠的涵養時，我直覺這傢伙還會再進步；四年後，我看見他眼神又多了一道包容分享的光芒。

學生能夠將上次筆者送他的「訓練圖表」，融會貫通內化成屬於他的「武功」，實屬不易。

青出於藍，更甚於藍。筆者深信肯用心的學生有一天一定會再超越……

在高中階段，因為面對升學的關係，學生對家長經常有叛逆的緊張對峙場面出現，尤其是高二升高三。筆者誠心給家長建議：給孩子適度的動力，而不是壓力。方向要正確、有積極誘因的力道就是動力。Even方向正確，但如果帶著消極誘因的力道，結果可能就是壓力。

建議給予信任孩子自由度較高的時間掌握，這個誘因會比較積極，而不是一直用金錢利益去誘惑他們，因為這樣容易讓孩子產生迷思，有空的話可以去學校找老師從旁協助觀察孩子較適合的方法。

只要這段時間學生沒有學壞，學生升上大學二年級之後，各方面就都會比以前成熟、懂事。

Be patient！

教育、學習是如此，棒球也會有類似的經驗。身為棒球總教練的你，要細心觀察你球員的近況及習性，並在關鍵時刻給予信心、推動成長，時機成熟，他就會表現給你看。

要不是栗山英樹給了村上第五次機會，就不一定會出現那支勝利打點，當然村上就用這支安打回報栗山。

洺言6

身為伯樂，得多點耐心，這樣你才有機會發現「千里馬」的存在。

當所有的人認為「這個球隊沒有你不行」的時候，表示你已經站穩一線先發的名單囉。

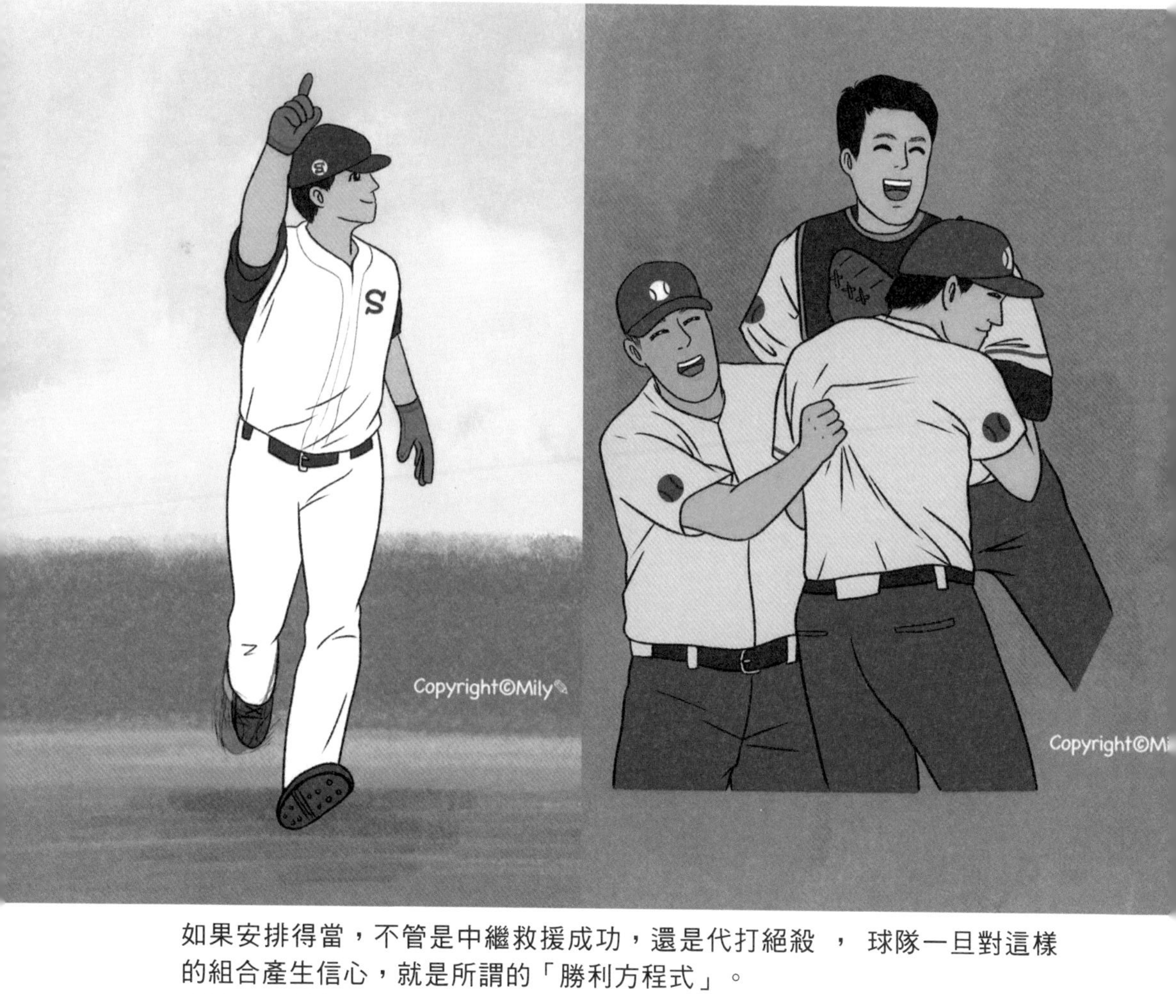

如果安排得當，不管是中繼救援成功，還是代打絕殺 ， 球隊一旦對這樣的組合產生信心，就是所謂的「勝利方程式」。
當然，應用在其他職場也都一樣。

對話04

想得分，就得持續纏鬥：提高上壘率

好的選球能耐及不斷的跟投手纏鬥之毅力讓人佩服，因為這樣不但可以讓自己上壘，而且在消耗投手體力之後，也會增加後面棒次隊友**打安打或者持續上壘的機率**！巨人隊Brandon Belt在對天使隊的比賽中，與天使隊投手纏鬥超過20球才出局，而先發投手才2局就花了超過70球，最後不到3局就退場，導致天使隊輸球。看吧！懂得纏鬥的打者，會是導致球隊獲勝的關鍵因素之一。

站在評鑑打者優劣的角度，打擊率已經與「上壘率」、「長打率」結合，合稱「打擊三圍」。

知名的雙料（國聯、美聯）打擊王 LeMahieu，他的打擊三圍都比聯盟平均高出將近一成，是一名球棒很黏又很會擊出安打的球員。尤其是他的上壘率超過4成2，是各隊投手非常頭痛的人物。至於「如何提升上壘率」，在下一節對話5會有三大完整的方法說明。

然而提及**長打率**，我們之後在**對話7**談到**全壘打／打點**的重點時，會與大家分析這三者的微妙關係。

先回到「上壘率」**OBP**（On Base Percentage）的說明，首先定義打席數是指一個打擊手完成一個球季的「打數＋四死球數＋高飛犧牲打數」。

接著我們定義上壘率：

$$\text{OBP} = \frac{\text{安打數}+\text{四死次數}}{\text{打席數}}$$

關於分子為何只加上「四死球數」，因為四壞球跟觸身球打者都有上壘，但高飛犧牲打沒有上壘。

值得一提的是雖然分母的打席數有包括因對手防守失誤的上壘數，但棒球規則中**分子不會計算不勞而獲的次數**。筆者只能說四壞球大部分是打者的選球能力好或者是被投手「尊敬」而上壘，而關於觸身球，至少打者也受了一記球吻而疼痛上壘，能夠計算在分子都算合情合理。

知名美聯安打王鈴木一朗與雙料打擊王LeMahieu，兩位頂級打者的上壘率都在4成2伯仲之間，平心而論，筆者認為MLB選手能夠維持3成7以上的上壘率已經很強悍了，更遑論超過四成。

更值得推崇的是早年的知名二刀流選手Babe Ruth，**他曾帶領過2個球隊拿到世界大賽冠軍，他的上壘率直逼4成7**，入選棒球名人堂不言而喻。

至於如何提高上壘率呢？

筆者首推「選球纏鬥能力」，因為好的選球能耐及不斷的跟投手**纏鬥**【將不滿意的球都打成界外】的毅力，不但自己能上壘，也會增加後面棒次打安打的可能，甚至進而克敵制勝！

關於「**選球**」，一般認為有一個評判的準則，那就是計算出**四壞／三振的比值**，如果這個比值愈大，那麼該選手的選球能力就愈好，因此愈容易上壘，是這樣嗎？

筆者可不這麼認為。

原因是OBP的高低**不全然由四壞或者三振的次數決定**，有可能是打者的三振及滾飛球出局的次數下降【**節流**】，但這可能還不夠提升OBP。

一個優秀的打者如果他有比較高的上壘率主要應該是安打數提升【**開源**】，或者是能夠選到比較多的四死球【**開源**】而定。

同樣的道理，如果某打者的**上壘率下降了**也有可能是**滾飛球出局數變多**，不全然是因為三振而造成出局的。

「耐心選球」，跟投手好好纏鬥，就會為球隊帶來贏球契機。

上壘率 OBP↑

$$=\frac{\text{安打數}+\text{四死次數}}{\text{打席數}}$$

【開源】

$$=\frac{\boxed{\text{安打數}\uparrow+\text{四死次數}\uparrow}}{\text{安打數}+\text{四死次數}+\boxed{\text{三振次數}\downarrow+\text{滾飛球出局}\downarrow}}$$

【節流】

因此筆者這邊**定義**一個新的「**選球能力表現BEP**(Batting Eyesight Performance)」，其中分母是把安打數跟四死球數刪去，單純算出（上壘次數／出局次數）即可。

選球能力表現（作者自創）
BEP

$$=\frac{\text{安打數}+\text{四死次數}}{(\text{三振次數}+\text{滾飛球出局})}$$

$$=\frac{\text{安打數}+\text{四死次數}}{\text{打席數}-(\text{安打數}+\text{四死次數})}$$

洛言7

與其節流、不如開源，這樣勝算比較大。

重要結論

1. BEP（選球能力表現）的**比值愈大，選球能力愈強**，上壘率愈高。
2. BEP的比值能夠保持在**0.53以上**，已經算是箇中好手了。

換言之，筆者認為一位打者如果整個球季的（安打數＋四死球數）能夠大於（三振數＋滾地高飛出局數），那麼聯盟投手群都應該要懼怕他三分！

至於，如何提昇上壘率，筆者第二個推薦「推打能力」。因為好的「推打」能力可以讓有機會成為好球的外角球，利用打者手腕的力量進行揮擊，然後**把球推過內野防區成為安打上壘**，如果運氣好還會讓球飛滾到外野，重要的是打者揮擊的力量及角度都要掌握好，才能有好的表現。

還記得有一場世界盃棒球賽中華對南韓那一戰，七局下中華隊0比1落後，王柏融等待時機瞄準一顆外角偏高的球路，硬是用**推打**的方式將球推向左外野，形成一支超前比分2比1的三壘安打，亢奮之情，至今難以忘懷。至於打擊王LeMahieu是MLB公認最擅長推打的球員，其中有不少安打都打到相反方向，令人嘖嘖稱奇。

好的「推打」可以讓有機會成為好球的外角球被推過內野防區成為安打。

《蕩寇志》有云：「兵器不在斤兩上分高低」，意思是說：兵器強弱並不在其「輕重」分出高下，有時「**輕巧**」反而是一種優勢。

當投手用疑似好球的外角球誘惑你揮棒時，你得用智慧「輕巧的碰觸」化解。**一個是破壞成為界外球**，另一個就是**利用推打挑戰對方的守備**，達到四兩撥千金的功效。

第三項，筆者推薦的是「跑壘速度：腳程」。按照安打的等級，可分為一壘安打、二壘安打、三壘安打以及全壘打（4個壘打數），其中部分的一壘安打是由於打者將球擊在內野區且球滾動速度很慢，甚至滾到野手不好處理的地方才停下來，說時「遲」那時「快」，等到野手接到並將球傳往一壘時，打者已經利用這個空檔跑向一壘。基本上，在野手沒有失誤的前提之下，我們稱這種上壘方式叫做「內野安打」。

不過，從另外一個角度來看，打者的跑壘速度如果不夠快，基本上是很難跑上一壘的，因為真的不要小看職棒選手的內野防守能力及臂力。換言之，**如果打者速度只是「一般般」，或者不是左打，是很難跑出內野安打的**。

洛言8

當你的「好表現多於壞表現」的時候，球迷就會感受到你的存在。

鈴木一朗就是經常擊出內野安打的好手，值得關注的是他擊出的安打中，就有高達四分之一是內野安打。話又說回來，擊出內野安打的高材生，**他們會盡可能將球觸擊到靠近或者沿著三壘線邊的內野防區**。

所以，此時**如果是捕手**跑出來接，一方面他必須具備「向前跟上」球的速度，另一方面等捕手接到球時，他必須向右轉40度以上，瞄準一壘才能將球傳出去。基本在防守上這是最不會被考慮到的，除非球剛被點出去就在本壘板前不遠處，如此由捕手來處理才比較有可能。再者，此時**如果是投手**下丘出來接，他必須快速向右邊平移幾步且同時跟上球滾動的速度，接球後再向左轉身60度以上傳向一壘，時間上也會緩不濟急。

最後，**只剩三壘手比較有機會了！**

注意，因為球滾動的方向是慢慢沿著三壘線邊往壘包方向前進，所以三壘手只要按照平常防守的習慣向前接球，然而厲害的大聯盟**選手會利用手腕的力量0度角側身轉傳一壘，這樣子就有機會跟腳程快的左打者比速度了**。

洛言9

沒有打不到的好球，只有「不知變通」的揮擊方式。

八仙過海，各顯神通。筆者看過一場MLB的比賽，某局打者點了一球沿著三壘線邊的滾地球，這球「一開始稍快、後來就變緩慢」，防守的三壘手看這球好像即將滾出界外，決定放棄這球（因為接了也不一定來得及轟殺跑者）。有趣的是防守這隊的投手、捕手還有三壘手這三人就圍著、眼睜睜看這球沿著線上最後滾回界內，當球撞到三壘的壘包瞬間，才將這三人點醒！然後，就會聽到有人罵髒話「Goddamn！別鬧了，這是內野安打」。

中華職棒有一位連續三年的「內野安打王」：王威晨，在這期間他所擊出的安打中有15%是內野安打。專家們指出「左打」跟「腳程快」是絕對優勢，所以另一位拿過2次盜壘王的左打快腿陳晨威也在內野安打的表現不遑多讓，令人驚豔。

速度快的球員上場時，經常會造成對方防守的壓力，因為如果該球員能夠上一壘，接著可能就是要盜二壘！此時捕手、內野手都得繃緊神經……對話19

洛言10

與其「把事情做到對為止」，不如一次就「做到對的事」，這就是 do the right thing 有效能的做法。

對於上壘率高的選手來說， 進行「打帶跑」的成本效益要比「觸擊短打」還要來的高。

對話05 企業沒有訂單(球賽沒人上壘)，如何求勝？

「一日之所需，百工斯為備」，公司行號如果業務沒有爭取到訂單，工廠員工就沒有產品需要製造，沒有**產品製造**就不需要**品管過程**，沒有品管就無法得到國際標準認證組織（例如：ISO, International Organization for Standardization）的審核過關，證明該公司的企業管理系統符合國際特定標準的認證要求，一旦沒被認證就沒有競爭力，因此公司**研發部門**的新產品在市場上也無一席之地……，試問這家公司**憑什麼繼續生存**呢？

一樣的道理，一場沒有隊友上壘的棒球賽，如何贏球？沒有安打，至少要想辦法選到四壞球上壘吧！

所以如果回到真正的商場世界，沒有其他家公司會平白無故把訂單讓給你，你得靠自己爭取訂單**【上壘】**，然後勤於關心客戶的需求**【了解好球帶】**，再來幫助客戶解決問題**【揮出帶有打點的安打】**，最終創造其他業界需要的獨特性解決方案，贏得認同**【努力得分，贏得勝利】**。

然而，隨著景氣不斷下滑，加上之前疫情的洗禮，許多企業的訂單量只剩原先的五到七成，甚至有跌到三成以下的。但還是有某些優秀的企業能夠在危難的市場中殺出重圍、創造奇蹟，清楚知道**哪裡該衝、哪些又該放，或者有些只能且戰且走**，這樣才能創造利潤最多、損失最少的企業生存宗旨。

那麼，頂尖企業之業務就**有機會騰出更多的體力與時間，創造更有價值的銷售活動、贏得訂單**。

*****

曾經在MLB打擊率超過四成的強打Williams，贏得多次打擊王、全壘打王以及打點王，值得關注的是他生涯的**上壘率高達4成8**。

所以如果棒球選手上壘率達4成以上的表現就算是優秀選手，那麼嘗試在商場訂單成交的業務們，如果每10次出手銷售嚐到6次失敗應該也沒有什麼好沮喪、丟臉的。

如果從棒球比賽的角度來看，打者可以把重心放在觀察**投手【客戶的狀態】**在這場比賽的狀況，來決定今天的打擊策略。

另一方面，打者可以再觀察這場比賽**內外野手【客戶的公司相關背景】**其守備狀況，來決定今天的打擊要朝哪個方向揮擊。

當客戶願意跟你閒聊，那就談談他信仰的球隊近況、聊聊車子性能、哪幾家精品服飾的穿搭適合他、甚至他家裡的那隻貓喜歡玩什麼……，基本上客戶已經當你是「朋友」，你們的**訂單成交**就會跨出成功的第一步。

棒球比賽角度

客戶的狀態

1. 他今天擅長什麼**球路【注意客戶心情】**，容易引誘打者揮棒。
2. 他今天什麼球路**投不進好球帶【避免碰觸客戶厭惡的點】**，不要去打 。
3. 他今天的什麼球路可以**投進好球帶【朝著客戶的需求努力】**，找到適合的時機出手。

客戶的公司相關背景

1. 打擊時觀察對方防守的**佈陣漏洞【調查客戶的公司有特殊不為人知的需求】**，然後瞄準**佈陣**予以關鍵一擊。
2. 打擊時分析統計對方**某些野手的弱點【了解客戶公司有預算的壓力等】**，然後找到適合的時機挑戰野手不易防守的方式。

傾聽客戶的聲音，讓他們主動當你的朋友。

成交法則

1. 跟客戶閒聊時，不須提推銷產品的優質處，只需恭敬的遞名片或者自我介紹就好。
2. 傾聽客戶的聲音並在適當的時機予以貼心回應：「妳身上這條藍色裙子如果搭上某家服飾店的白線衫會很好看，來！這是店長的名片，我跟他很熟。」「你兒子學測要做落點分析可以參考這幾家。」「如果媽媽您目前還沒找到適合的長照機構，這兩家可以詢問一下」……
3. 如果客戶跟你買產品下訂單，有時候不全然是公司的產品很好，是因為他們當你是朋友囉！接著要跟之前持續保持聯繫，不能因為訂單已成交，就忽略售後服務應有的態度。

至於行銷的重點到底得先滿足什麼？其實就是「客戶的需求」。

知名的需求層次理論是馬斯洛發表的心理學觀點。Maslow 將人的需求由下而上分為生理、安全、愛與歸屬感、自尊與自我實現等五個層次，該理論的假設前提是**一般人如果先滿足下層需求，就會想要逐層達到更上一層的需求。**

換言之，為了有效打到客人心中需求的點，我們必須要了解客人想要滿足哪個層次的需求，才能做出成功的行銷。接著，筆者由下而上逐層介紹市場上這五種層次相關的產品，讓朋友們思考各種層次特性的行業如何展現優質的業務經營模式。

◆最底層的「生理需求」

大家應該是不難發現從1985年開始，街坊式經營的雜貨店隨著時間被超商所取代，也不知道是什麼原因許多人會漸漸前往窗明几淨、燈美物鮮的超商排隊，尤其是年輕朋友更是趨之若鶩；曾幾何時，2000年以後出生的朋友，可能在都會區都沒看過雜貨店的蹤影了！

不知道你是否會有錯覺，感覺最基本的生理需求應該都是比較低價的商品嗎？其實不然，有些消費者是**很願意為了滿足生理需求層次而付出較高價位的**。比方說人們寧願去快速方便、店員年輕、親切有活力的超商消費，就算四大超商（7-11、全家、OK、萊爾富）的價位都比雜貨店高出15%，結果還是如此。

如果從風水的角度來看，門內外裝潢只要光亮几淨，就能吸引人潮。值得關注的是**為何超商文化可以屹立不搖？**筆者認為答案是「方便」。

洺言11

如果滿足客戶需求做的好，除了你會有下一筆訂單，客戶還有可能會幫你介紹新客源。

因為**這就是人性**。Even計程車叫車服務、影印、傳真、繳水電費不提，光是購買高鐵票、職棒比賽門票、舞台劇門票，還有送洗衣物、訂年菜、網路購物等就足以讓1990年代的人類嘖嘖稱奇。

有些超商甚至還提供廁所、聚餐喝咖啡的桌椅，有些甚至還有手機、筆電插座可充電，果真「賓至如歸」**讓進超商的朋友感覺像回到自己的家一樣**。

基於尋求這個「方便」，**外送平台**(foodpanda、Uber Eats)能夠崛起，也不是沒有道理。

同樣類比至棒球，如果打擊需求由下而上的最底層來看，筆者認為是達成「每場比賽有一支安打或者是靠選球達到兩次保送的水準」，這樣的打席就是一個打者每場比賽應有的最基本配備。

◆第二層「安全需求」

如果一棟辦公大樓或社區沒有警衛保全人員，那麼在大樓裡的員工或住民，難免心中就會有恐懼的念頭，擔心會不會有恐怖分子拿武器進來搶奪財物、甚至威脅到生命安危，令人感覺相當沒有安全感。

那麼，台灣的保全企業可以幫助我們做到哪些主要的**安全維護**呢？包括門禁、消防、金融提款機監控、大樓管理還有駐警服務等。

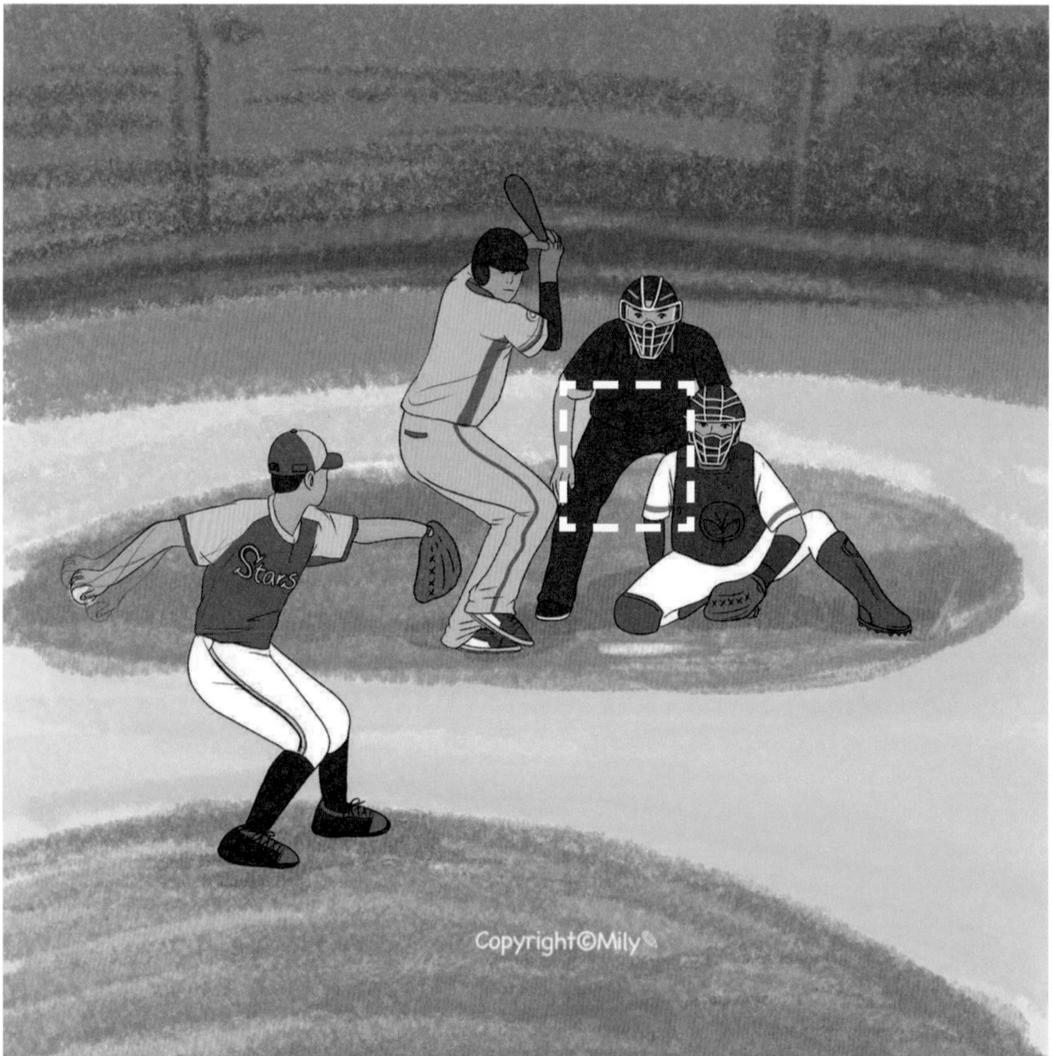

孫子兵法：「知己知彼，百戰不殆。」充分掌握對手習性，就會很有機會一棒將對手擊沉。

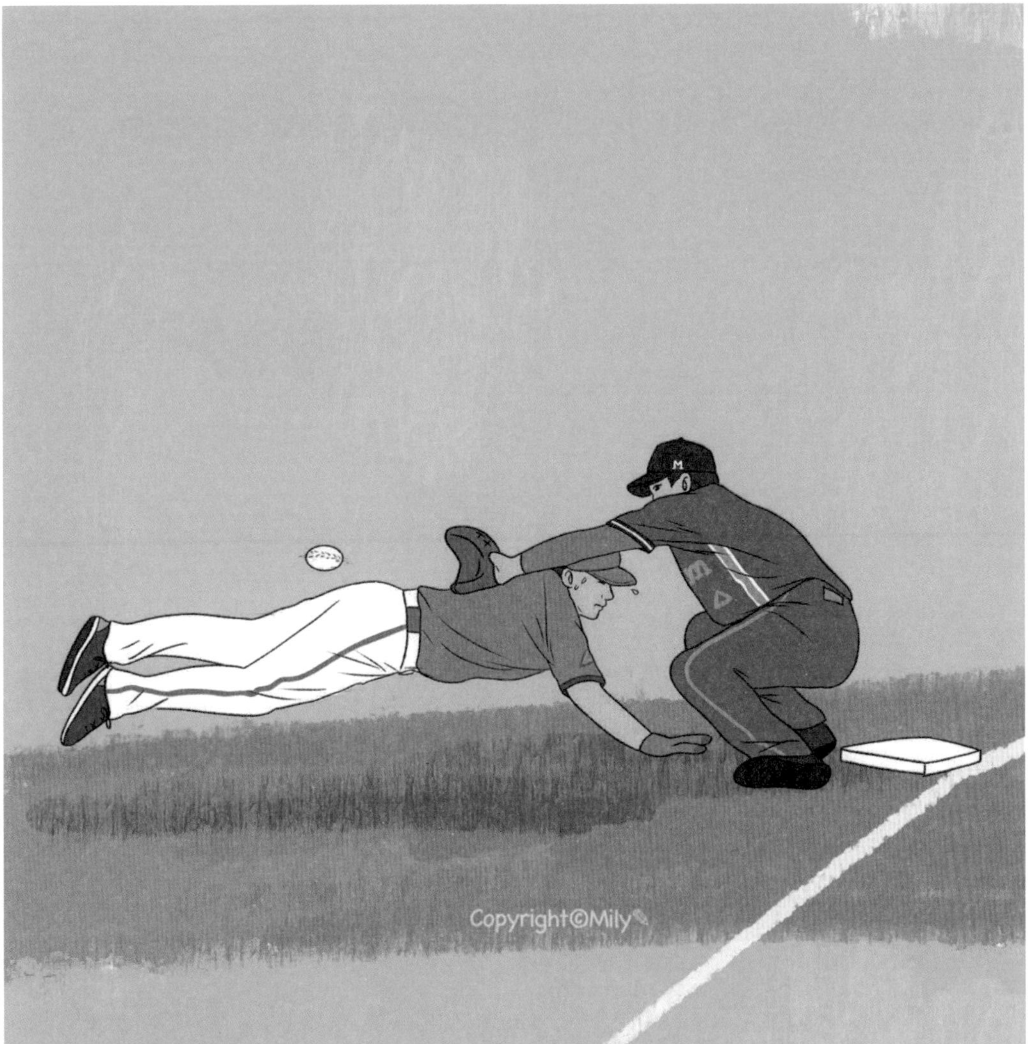

「牽制」是投手控制跑者的重要策略，因為這是盜壘的前戲，也是捕手阻殺與跑者速度對決的戲碼，即將要拉開序幕。
當然，等同對照於企業的安全需求，監控維護般的牽制是必要的。

而警方也經常透過監視系統的線索來尋找證據、追求真相。像是民國100年牛姓姊姊被妹妹發現慘死家中，警方根據現場的血枕頭上留下的名字，認為牛女的前男友涉嫌，沒想到後來因為警方**重複觀看監視影片**，使得案情竟然逆轉，兇手另有其人，因而破案。

在香港有一部相當賣座的陪審團電影《正義迴廊》，片中的某一段台詞就形容得很貼切：「冤獄比放走一個壞人更加不公義」，上述的保全監視系統還給了嫌疑人清白，也實現了司法正義。

其實司法案件審理期間，莫須有的質疑讓當事人飽受煎熬，儘管到最後沉冤得雪，也早已失去許多無法重來的時光與事物。有一部司法電視劇《最佳利益》的某一個slogan就寫得非常到位：「遲來的正義，從來就不是正義」。此外，基於生命安全考量的呼籲，那就是希望政府及企業能夠廣設救命神器AED自動體外心臟電擊去顫器，尤其是突然有因心血管疾病而暈厥的人，救助者就可以就近找到AED的即時幫助，因為黃金救援時間最多只有5分鐘。

同樣類比至棒球，從打擊需求由下而上的第二層來看，筆者認為是達成「打擊率2成58或者是上壘率3成27的聯盟平均水準」，當然**守備**

洛言12

能夠發展出一個「比家更像家」的企業模式，在感受上，已經先贏一半以上。

成績也要不錯，這樣的表現就是一個打者能留在球隊成為先發的安全門檻。

◆第三層「愛與歸屬感」

比起前面兩個層次，「愛與歸屬感」屬於較高層次的需求，包括對親情、友情、愛情等都算是。這種歸屬感是除了希望自己應該好好愛自己、珍惜現在所擁有的之外，其實也會思量自己是否還有動力可以對別人提出關心與包容。

正因為「我們永遠不知道意外和下一刻哪一個會先到」、「天有不測風雲，人有旦夕禍福」，所以「**保險**」是一件重要的概念，尤其是對於自己的親人及身家財產的風險預防及保障，展現家的真摯關懷、歸屬感。

另外，導盲犬培訓機構的建立，是考量能夠幫助到視障、甚至盲人，希望導盲犬可以代替他們的雙眼，為他們安全導航。一般而言，平均一隻導盲犬的訓練完成所需成本大概要幾十萬元，真的不容易。

洛言13

以「安全」為前提的遊戲中，沒有半點妥協空間；就好像交通安全的世界中，「酒駕零容忍」沒得退讓。

所以，真的期待大家能夠發揮愛心捐款給培訓機構，讓我們的視障朋友能收到更直接的幫助，並從狗狗身上得到對愛的歸屬感。其實從事公益也不一定要拿錢出來捐贈，有一種方式是花時間、投入心力在慈善、醫護機構當義工，讓愛能傳承。

「人為善，福雖未至，禍已遠離；人為惡，禍雖未至，福已遠離。」這就是屬於正能量信仰的歸屬感。

同樣類比至棒球，從打擊需求由下而上的第三層來看，筆者認為是達成「打擊率2成83或者是上壘率3成55的聯盟前標水準」，當然守備表現也要很穩、肯拚，這樣的表現就能讓一個打者成為球隊信賴的歸屬感球員。

◆第四層「尊重需求」

「人往高處爬」，對於大多數的人都一樣，當我們滿足前面的生理、安全以及愛與歸屬感的需求之後，正常情況下我們會**藉由提高學歷與事業的成就**，來達成更高層次的「自我尊榮與成就」之需求，並獲得他人對自己的肯定與尊重。

《破窯賦》云：「馬有千里之行，無人不能自往；人有沖天之志，無運不能自通。」意思是說：縱使你有再偉大的志願，如果沒有給你舞台去展現(show)你與眾不同的能量，那麼就無法讓別人看見你的存在。

愈厲害的打者，愈是懂得謙虛及感恩，也值得受到認可與尊重。

知名文學家文康在《日下新書》也提：「一命、二運、三風水、四陰德、五讀書」很明顯告知大家：如果先天沒有很好的祖蔭功德庇佑，其實還有一條路可闖出一片天，那就是**讀書**。所以努力研讀自己的專業領域，更上一層樓，是另一種受到肯定的方式。

準備考試除了需要**天分**外，還需要**恆心與毅力**。

筆者有學生靠著半工半讀來賺取生活費，只為了準備司法官考試，他幾乎放棄所有的休閒娛樂，而圖書館及7-11幾乎成了他的寢室，終於苦讀多年的他，最後通過錄取率只有1.8%的司法官口試，實現自己專業肯定的真正價值。

無獨有偶，一位在事業上闖出名堂的超級業務，保時捷全球銷售高階主管鍾明濃，她是如何在男性主導的產業中，闖出屬於自己的天空呢？因為她始終保持著高度學習力、行銷創造力還有一顆熾熱的初心。顏回曾說：「**舜何人也？予何人也？有為者亦若是！**」如果你想要有作為，也可以表現得跟鍾明濃一樣出色。

同樣類比至棒球，從打擊需求由下而上的第四層來看，達成「**打擊率3成14或者是上壘率3成82的聯盟頂標水準**」，當然**守備成績也要很好**、**肯拚**，這樣的表現就能讓一個打者成為**球隊值得尊重的球員**。

在中華職棒馳騁19年的彭政閔，擁有生涯打擊率3成3、上壘率4成3的打擊表現，是CPB首位達成百轟、200盜的職棒球員。「**自我要求與堅持**」是他成就的不二法門，難怪他**BEP（選球能力表現）**高達6成8，無人能出其右。

◆第五層(最高層)「自我實現需求」

如果能夠讓一個人感覺到「做一件工作十分自在」，而且開始認為「正向人格特質」形成的價值已經**超越鈔票、社會公評甚至是親人的感受**。那麼，對於自我實現需求的人而言已經跨出成功的一步。如果做任何事一直想要做到所謂的「面面俱到」，甚至想要讓每個人都懂……這樣會很累，而且意義不大。

其實，**只要讓瞭解你的人懂你在做什麼，就已經足夠**。尤其是正視各種「**世界觀**、**人生觀**、**價值觀**」，而且可以互相接受不同角度的想法，就已值得。「當我說這個棒球隊曾經拿過16次總冠軍、享譽盛名的時候，你卻可以說目前這個球隊身陷8連敗，殘破不堪。」「當我覺得在棒球場內買晚餐價格太昂貴、不好吃，你卻說球場內餐點就是有棒球的味道、幸福滿點。」筆者本來以為三觀是多麼高深的哲學概念……說穿了，也只是在說明看事情的角度而已。生命中要遇到三觀相近的人在一起相處非常不容易，所以「**磨合與溝通**」成為團體生活最重要的課題。

洺言14

沒有峻峭的沿岸，激不起美麗的浪花；沒有狂風暴雨的襲虐，看不見瑰麗的彩虹；沒有刻骨銘心般的學習，顯不出學歷證照的可貴。

筆者很喜歡北宋文學畫家的東坡居士，他有一首七言絕句：「橫看成嶺側成峰，遠近高低各不同。不識廬山真面目，只緣身在此山中。」（《題西林壁》）。

大意是說從不同角度去觀察人事物的變化，其實感受是不一樣的。每個人追求的方式與風格不盡相同，棒球選手也是如此。多數大聯盟的選手不是很喜歡被投手保送，尤其是觸身球。因為打者比較喜歡與投手正面對決，**寧願光明正大被投手三振，也不要看到投手沒膽量guts將球投進好球帶**。MLB打者「不是很喜歡被投手保送」，這在心理學上叫做：「不要小看我」。

然而，若站在球隊**贏球的考量**，「被保送」明明就是一件對的事，所以想起來真的是好氣又好笑。

「一位運動選手」把自己的體能練到極致，其實只是單純為了讓自己超越自己而已。像是世界球后戴資穎就曾說：「努力到最後一刻，不要留下遺憾，盡情的享受這個舞台。」真心為自己所努力的事業打拼，思考如何能為這社會帶來正面價值，進而超越三觀。「因為專注所以自在」與時間賽跑，就是一種超越自我的信念。

所以頂尖業界高手在工作時，**專注面對挑戰**的態度，幾乎不受外在環境的影響，讓企業經營追求目標始終能百步穿揚、怡然自得。

2023年NVIDIA市值近1兆美元，是全球第6大企業，也在全球半導體產業扮演執牛耳的角色。NVIDIA開創了AI人工智慧（artificial intelligence）的新時代，黃仁勳也成了這個時代的領航員，更強調了「**正向積極**」的重要性。他在台大畢業典禮演說：「大家要跑起來，不要只是慢步，記住，要嘛就是你追逐食物，要不然就是你成為被他人獵殺的食物」。

同樣類比至棒球，從打擊需求由下而上的最高層來看，筆者認為是達成「打擊率3成43或者是上壘率4成25的聯盟頂尖的指標型成績」，當然守備成績也要非常好，這樣的表現就是一個打擊王者兼具好的防守，在聯盟也足以成為選手們景仰的風範。

在中華職棒曾以單季打擊率4成、200支安打成為紀錄保持人的王柏融，CPB生涯長打率竟高達6成4，令人嘖嘖稱奇。曾獲打擊四冠王殊榮的他，於2018年旅外開始挑戰日本職棒。

「哪怕只有萬分之一的微弱機會，都不應該放棄。」這句座右銘直接證明了他自己。

洛言15

「學習」像把利劍讓落後者逐步產生無比的正能量，別小看孤舟蓑笠翁顯出的淡定，它讓獨釣寒江雪的人揮劍展現智慧與驕傲。

最後，筆者藉由需求層次理論(Need-hierarchy theory)五種層次，利用三角形圖表逐層介紹市場上相關成功業務的經營方式，進而對應職棒球選手各層次打擊應有的表現水準。

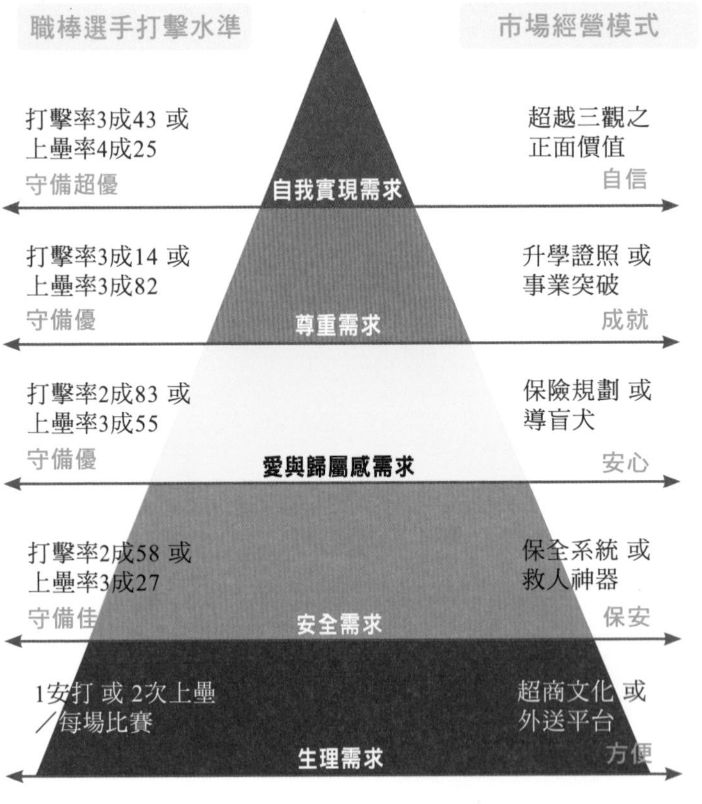

真正厲害的角色 ，並不是持續成為球隊的第一，而是讓所有的人認為：「這個球隊沒有你不行」。
哪怕這是最後一個出局數，也不該放棄比賽，這就是棒球的中心價值。

對話 06

所有的犧牲推進，都是為了站上「得點圈」

生涯犧牲短打成功次數超過300次的Daubert，曾連續兩年獲得打擊王及年度MVP。值得一提的是他的選球能力極佳，**BEP**（選球能力表現）竟高達0.634，事實上**好的選球能力BEP**不但可以提高自己的上壘率，而且也會增加後面棒次隊友上壘的機率！

註：BEP能夠保持在0.53以上，已經是箇中好手。

同理，**擁有好的觸擊能力**，即便是犧牲自己出局，如果能讓隊友往前推進，也算功勞一件，況且打數不計，是不會影響打擊率的。如果**打者的腳程快，加上他觸擊的方向與力道恰到好處**，是**很有機會跑出內野安打**，且讓打者與跑者「**all safe**」。「**觸擊成功**」可以讓隊友推進到二、三壘（俗稱得點圈），如果再幸運一點、時機抓得好，甚至還可以強迫取分讓隊友回本壘。

但**如果觸擊失敗呢？就會平白無故浪費一個出局數**，然後隊友還停留在原來的壘包上，倒楣的是若打者觸擊成一個小飛球被接殺，然後球被迅速回傳原壘包防守員，就可能連隊友也一併出局成「雙殺」！

另外，一個也具有推進效果的打擊方式，稱為「高飛犧牲打」，使用時機是在沒有人出局或者一人出局時，盡量將球擊到中右外野，讓二壘或者三壘的隊友可以向前推進，其中需要被強調的地方有四個：

第一、**打者的打數不算**，意思是不會影響打擊率。

第二、此時如果二、三壘有跑者，**跑者必須等外野防守員的球接進手套後，才可以向前推進**；其中若三壘跑者回本壘登記得分，則打者登記打點一分。

第三、承第二點，如果跑者提前起跑而被對手促請裁決，則跑者出局，得分不算。

第四、假設三壘跑者這一分對進攻方很重要，那教練團應該就要審慎考慮，做好**評估**（**打者、跑者、敵方外野手**）的相對能力才對。

上述第四點所言教練團應該評估**三個面向**：

1. 打者是否具有**長程火砲**能將球擊到中右外野，愈遠愈好。
2. 三壘的跑者是否有**絕佳速度**，快到有足夠的時間回本壘。
3. 如果打者球打得不夠遠，加上敵方外野手臂力有著**驚人的雷射肩**，此時三壘指導員瞬間就要決定跑者是否該跑。

關於長程火砲、絕佳速度的話題延伸，筆者會分別在對話8及對話19繼續與大家分享。

「觸擊短打」是否成功 ，有時會是整場比賽勝負的關鍵。

有鑑於此，「觸擊短打」與「高飛犧牲打」是球隊為了追求保守得分，所做出的必要手段，因為如果不做，可能球隊一分都得不到，更別說是要爭取勝利。而棒球如此，**選戰**也是。

比如說政黨政治的競爭也是如此，假設有甲乙丙三個政黨各推出大選候選人，若**甲政黨**候選人民調一枝獨秀，因此**乙**、**丙兩個政黨**可能就會政黨合作，但過程中兩政黨合併後的大選**主打人選**，以及配套的**國會議員人選**也可能必須**各自犧牲**、**讓步**，所以要成就如此的大選格局其實相當不容易。

關於「觸擊短打」的數字分析，以中華職棒的觸擊成功率為例，在統計「嘗試觸擊短打」次數中，成功犧牲的比例佔了35％，其中有10％跑出內野安打。

換言之，觸擊短打平均每3次成功一次，這就是棒球的奧妙之處，但有人會說既然觸擊成功率也僅是三分之一，那麼隊上狀況好的打者打擊率也有超過3成，為什麼不「正常揮擊」就好，這麼怕雙殺？正解：執行如此戰術還得看壘上隊友推進的成功率。

這邊說的正常揮擊指是「**打帶跑 Hit and run**」，俗稱**打跑戰術**，就是**壘上跑者提前起跑**，**打者不論好壞球都得配合揮棒擊球**，因為這樣還會擾亂對方的內野守備，算是一種**積極推進**的戰術。

另外，所謂的「**跑帶打 Run or hit**」就有些不一樣，跑打戰術是指壘上的跑者先起跑，而擊球員則是**視情況決定是否揮棒**（**好球打，壞球不打**）。使用時機很適合在三壞球的時候，因為如果下一球是好球，打者揮擊出安打的機會就很高；如果是壞球，打者自然就會被保送，根本就沒差。

所以有人說跑帶打跟**單純的盜壘**其實沒什麼兩樣。

再回來聊「**打帶跑**」，因為這個議題比較有趣。

棒球場上兵不厭詐，虛實之間很難說。特別的是，如果教練團授意打者「**假觸擊，真揮棒**」，意思是說打者本來端出棒子要觸擊，但等到投手球一投出，跑者已早一步起跑。此時打者突然改成正常揮擊，運氣好時這**球很有可能直接穿出內野防線**，因為敵方守備的佈陣原先並不是採雙殺守備，或者有野手可能會趨前接一個內野滾地球然後傳一壘。但如果運氣不好呢？比方說投捕為了測試跑壘者打帶跑的動機，會**刻意配一顆外角的壞球讓打者揮棒落空(pitch out)**，**此時就會讓跑者變成單純的盜壘**，而如果盜壘失敗，加上打者剛好是第三個好球被三振，這就是變相的雙殺。真的好慘，從壘上有跑者變成壘上沒人，還多出兩個出局數，對教練團和球迷而言真的是情何以堪！無言。

但棒球就是如此，**「打帶跑」賭贏了就是all safe，賭錯了就是Double play。願賭服輸。**

然而，棒球的魔力在於：有時雙殺之後下一棒**竟然出現安打**，那早知道會這樣，剛才的戰術不就觸擊就好，對吧！也有可能現在已經得分了，不是嗎？「千金難買早知道，萬金難買後悔藥」，這就是棒球，不懂棒球的人別再「馬後砲」。

或許有人喜歡棒球，有時也會恨棒球，但後來**竟然愛上棒球**。曾經，CPB總教練洪一中說：「贏球治百病」。

如果可能……「安打總在雙殺後」，可以**稍微撫慰一下我們球迷受傷的玻璃心**。

「逆境」好比一把通往成功的金鑰匙。台大教授傅佩榮曾說：「人在困境中要學習培養承受逆境的意志，一旦轉為正向意念，就有機會化地獄為天堂，走向成功。」

洛言16

感謝一路上給你逆境的人們，沒有他們……也許就看不見淬鍊過後「成熟有智慧」的你。

跑者有著快速的腳程， 容易造成對手內野防區的壓力、甚至守備失誤而上壘。

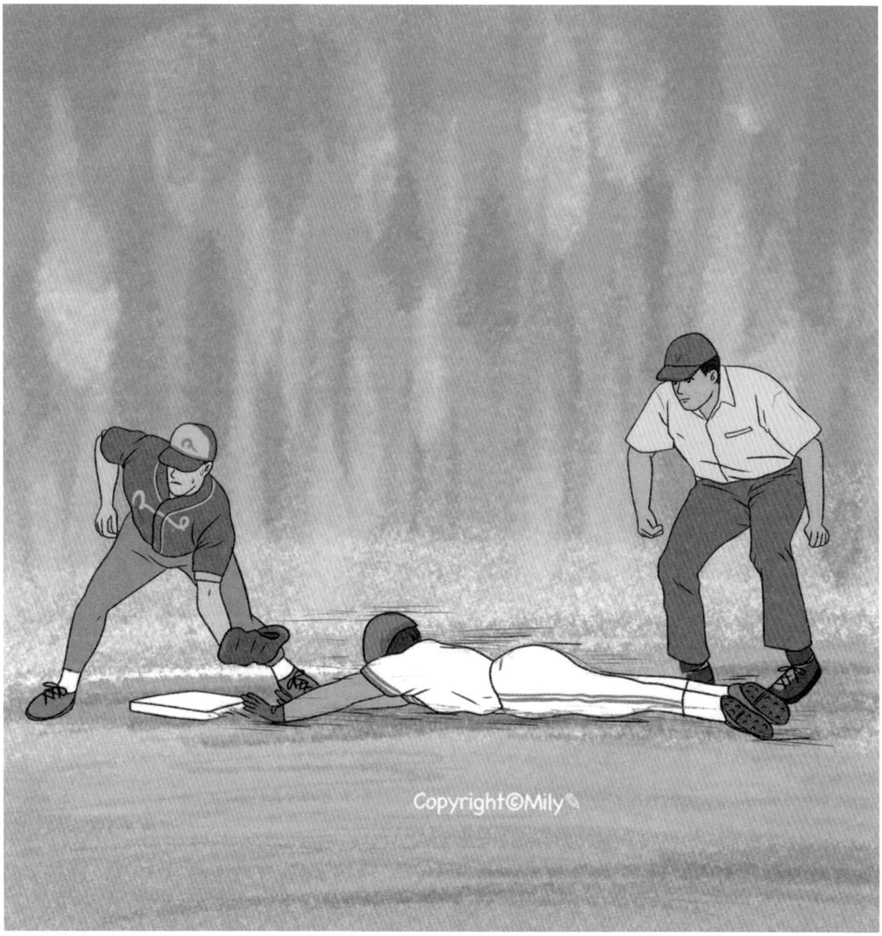

「觸擊失敗」或者「打帶跑沒成功」都可能造成連隊友都無法推進的雙殺，這是進攻方最不樂見的。

洛言17

在低比分的棒球比賽中，第七局之後所失去的每一分都變得很「巨大」；除非，一開始就要想辦法將對手擊垮，讓對手想都別想翻身。

◆棒球的另類數學思考

數學上有一個專有名詞稱為期望值(Expected Value)，那是一種長期經驗累積的平均值。為了方便說明，我們以統計的觀點來解釋棒球壘上有人的條件下後來得到的分數。

簡單來說，球賽在**沒有人出局、一壘有人**的條件下其得一分以上的期望值會比**1人出局、二壘有人**的條件下得一分以上的還高。換言之，在經歷了一次成功的觸擊後得分期望值反而下降。因此對於上壘率高的選手來說，直接正常打擊（打帶跑）的CP值要比觸擊短打高出許多。

也就是說犧牲觸擊成功後，雖然會**增加該局後續得1分的機率，但同時也降低了得1分以上的機率**。這樣到底是正常打擊好？還是觸擊好呢？中華隊守備教練高志綱表示：「不一定，得看狀況。」他又說：「一般而言，在比賽前半段需要大量得分，不建議使用犧牲觸擊戰術；但在比賽後半段，當一分的改變對於比賽結果有重大影響時，使用犧牲觸擊戰術就可能是勝負關鍵。」

棒球如此，人生亦然。筆者的高中歷史老師表示人生年輕的前半段要大量吸收養分，需要多打拼、不要怕失敗；而人生年老的後半段要開始調慢節奏，懂得守成、不要放縱自己。

記得有名優秀青年何凱成**年少的時候不斷努力**透過運動去學習、開創新事物；後來學成歸國在台灣創立「球學」公司，以「讓運動成為台灣教育的一環」，回饋社會。

筆者認為這樣的努力可以讓台灣的青少年有機會透過強健體魄，提升自己的正能量，開啟新視界的希望。

歷史上的政權盛衰也是相同的道理，像清朝前段的盛世經歷了康熙、雍正、乾隆三任皇帝奠定了基礎，國力疆域最遼闊，經濟蓬勃發展，社會民心最安定；只可惜後段愛新覺羅的皇孫無法守成，終究走上敗亡一途。不論是個人的教育成長，還是歷史的興盛，都得謹慎記取教訓方為上策。

所以筆者附上唐太宗悼念忠臣魏徵所言：「以銅為鏡，可以正衣冠；以古為鏡，可以知興替；以人為鏡，可以明得失。」（《舊唐書‧魏徵列傳》）

提醒大家Even棒球比賽也要借鏡別人的優點，更上一層樓。「台灣巨砲」陳金鋒在當年王柏融要去旅外挑戰日職的時候，希望他延續在中華職棒所做的努力、並且學習用勇氣去維護這一切，所以陳金鋒用「擁抱壓力的勇氣，或許辛苦，但是必經之路。」送給王柏融，要他多用心打拼。

洺言18

人生有希望值得期待，是人類活著的重要依靠。

全壘打王除了有極佳的選球能力外， 還要有「長打好本領」及「不怕被三振」的勇氣。

對話07 給我全壘打HR&打點RBI，其餘免談

Barry Bonds為美國職棒史上累積全壘打的紀錄保持者（約760支），Bonds在MLB曾獲國聯全壘打王、打擊王以及多次年度MVP；可惜的是，BALCO醜聞是讓邦茲的紀錄蒙上陰影的關鍵事件。

記得嗎？筆者定義BEP（選球能力表現）能夠保持在0.53以上，已經算是MLB的佼佼者，何況Bonds的BEP可以高居0.77。然而更可怕的是，「棒球之神」Ruth，他生涯的BEP竟頂達0.86。換言之，選球能力表現就是強打者能量等級的爆發。

煙火秀般的**「全壘打」是球迷最愛看的棒球表演之一**，因為劇力萬鈞、火花四射，甚至有一棒定乾坤之效。全壘打王除了具備很好的選球能力之外，還要有一身**「長打好本領」及「不怕被三振」的勇氣**。

那什麼是「長打率Slugging Percentage」？長打率SLG就是「**總壘打數／打數**」。

其中總壘打數指的是：「一壘打次數×1＋二壘打次數×2＋三壘打次數×3＋全壘打次數×4」

簡單來說，長打率就是「打者平均每一次的打擊，可以為球隊貢獻幾個壘包」。此數值愈高，代表該打者長打能力愈強。**長打率**與**打擊率**、**上壘率**並稱為「打擊三圍」，用來評量一位打者球季的打擊表現狀況。

曾經有五位頂級全壘打王**【Ruth, Bonds, Allan, Pujols, おうさだ（王貞治）】**都在棒壇稱霸至少22年，也就是說他們把人生體力最精華（18歲至40歲）的時光都奉獻給棒球，綻放光芒。他們生涯全壘打都超過700支，換句話說平均每個球季的產量至少是700/22約等於32支，相當驚人。而且長打率也都接近6成。簡單來說，他們每次一站上打擊區，平均就會有**0.6個壘包**視為囊中物，Ruth也曾說：「你們看我打了這麼多支全壘打，感覺上很風光，但很少人發現，**我也經常被三振**。」他的意思大致是：想要打全壘打，就不要怕被三振。因為他**平均每打一支全壘打，就會被三振2次**。還有這五位盟主生涯也都出現了全壘打數3倍以上的2200分打點；也就是說他們宰制江湖22年，平均每年會有**2200/22=100分以上的打點**，真的是夠了！畢竟MLB選手們的打點「頂標」連80都沒有……

洺言19

地表上最會轟全壘打的頂尖打者，就連選球能力也是極品。

筆者再強調一次，他們這樣的表現不是只有一個球季的亮點，而是生涯每年的王者風範都足以湛亮整個星空。

所到之處，不見黑夜。

值得一提的是揮出正常全壘打的打者，在打擊時其揮擊的仰角大部份集中**在20°到40°之間**，至於擊球初速（球離開球棒時的速度）大概是175km/hr左右，其中**初速愈快**，**當然飛行距離會愈遠**，估計大約是340至480英呎之間。有科學家指出近年來由於全球暖化導致空氣變得稀薄，空氣阻力變小，則有助於棒球飛得更遠，於是預測之後MLB的全壘打產量會微幅增加。

◆場內全壘打 Inside-the-Park Home Run

場內全壘打通常**需要一個跑得非常快的打擊者**，以及球在外野出現不規則彈跳致使守備上出現意外的狀況（不是失誤）。在美國職棒史上跑出最多次場內全壘打的打者：Wagner，他除了是球季的打擊王、打點王，**重要的是他還曾是「盜壘王」**，為什麼要強調這一項？因為「**速度飛快**」是場內全壘打的發生的**必要條件之一**，另一個條件是打者擊出的球「**落點極**

洛言20

想要成為somebody，不要怕「被打趴」。

一般而言，打點高的打者，相對也會是全壘打高手。

佳」，也壓迫**對方守備在一陣慌亂之餘，無法順利將球傳回內野**，只能眼巴巴看著打者奔回本壘得分，其緊湊的節奏足以讓進攻方球迷血脈賁張、亢奮到極點。如果這又是致勝分(winning run)，就更會嗨翻天！

此時反差極大的是守備方的球迷，也只能沮喪挫折、啞口無言。

*****

再回來分析**打點(RBI：Run Batted In)**，**定義**是藉由**該打席所揮出的安打（犧牲打）或者四壞球使得壘上隊友回本壘的人數**，稱之打點。特別需要注意是，如果**該打席因為對手守備失誤而造成壘上隊友的得分，則打點不計**；還有，如果該打席造成雙殺，雖然我方有得分，但打點仍不採計。

因為前述五位頂級全壘打王每年平均的打點是100分，而MLB的選手平均才35分左右，幾乎就是3倍輾壓，所以薪水頂高豈是意外。當年Bonds被巨人隊以每年700萬美元共六年的合約簽下，簡直不可思議，這就是身價的展現。

然而有人雖然上壘率、打擊率高，但是他的打點卻不高；但是有人**打擊率不高，打點卻還頗高的**，像是新人王Alonso第一年就打出53轟的破紀錄「全壘打」，成為MLB史上最多轟的新秀，儘管**他的打擊率只有2成7，但是他之後竟然可以拿下打點王**，這種身手最受球隊及教練的歡迎，因為只要壘上有隊友，關鍵時刻就容易揮出安打拿下打點，綻放光芒。

因此「安打必須花在刀口上」，球迷可能**只記得此時做出貢獻的他，而早就忘卻之前打擊出局的畫面。明白嗎？這就是打點王獨特魅力之所在**。

想當然爾，有如此驚人的表現當然不會讓Alonso一個人寂寞……。終於在2023年他入選第五屆世界棒球經典賽美國代表隊，一點都不意外。

印象中我們常看到有選手前三次打擊都是出局，到**第四次打擊的時候教練也沒有把他換掉，重點就是有時他就會神來一棒製造打點之類的**，因為聰明的教練明白：**當打數一增多時，就會有機率逮到他對球隊貢獻與價值的出現**。

「十年磨一劍，一朝試鋒芒」，不要只看到別人成功的那一面，卻忽略他們須磨練多少時間才能展現這樣的功力。就好像鈴木一朗**希望別人對他說Ichiro是經過努力才變成「天才」**的道理是一樣的。

洛言21

得點圈有人時的打擊率就必須比別人還高，這個時候出現安打才比較有意義，不是嗎？

◆機會不會一直等你

筆者常跟筆者的學生聊：學習是這樣，對專業知識需要保持不斷的自我要求與堅持，學會「等待、忍耐以及接受考驗合理的失敗」。那麼等待多久才會看到機會出現呢？不好意思，正確答案是：不知道。

筆者只能說如果你願意堅持自我的信念做充實的準備，那麼機會來了才真的屬於你。

然而，**機會不會經常出現，彷彿得點圈不會一直有隊友在等你一樣**。學習把握機會、揮出勝利打點，Be a somebody。

MLB超級明星大谷翔平曾在2023年**18場比賽中繳出28支安打、11發全壘打**，追平高懸近百年的「洋基傳奇」Gehrig的紀錄，目前無人能敵。值得一提的是2023年，他在6月**敲出15轟**，跟「棒球之神」Babe Ruth比肩而坐。

大谷一直在用**破紀錄寫歷史**，就連資深學長松井秀喜也是佩服的表示：「Ohtani身上的確是有一種**為了改變棒球歷史紀錄而存在**的特質。」

果真你是千里馬，就會有一群伯樂遞名片追著你跑，年薪千萬附加百萬廣告代言、風光無限。

Be a somebody, not a nobody.

但如果害怕吃苦、擔心失敗，別說是「全壘打」，我們可能連球都碰不到，那也只能是 nobody 了。

2013年出道的**韓國男子天團BTS**藉由自身的音樂故事、充滿熱情的舞蹈，以及與歌迷真誠的交流，獲得多數人的喜愛。因此防彈少年團能夠**連續四年出席葛萊美**，並且獲邀在舞台上表演，如此成功之舉實至名歸，一點都不意外。

2023年以「超齡」快速轉換情境的演技，被李安視為**天才型演員**的12歲林品彤，成為史上最年輕的金馬獎「最佳女主角」；得獎之後她謙虛表示要揣摩這個過動躁鬱的角色「小曉」，其實她自己做足功課也不斷演練，當然也要謝謝導演及所有工作人員的幫助。特別的是李安導演希望林品彤應先把書唸好，儲備能量，將來演戲機會多的是，別急！

拿過唯一史上11次NBA總冠軍的禪師Jackson也曾對NCAA的明星球員說不要急著來闖NBA，要先在大學練好球技及心理素質，將來才會有更好的表現。

洛言22

當未來有人稱呼你為「天才」時，別高興太早；因為現在開始你得經過多麼不平凡的努力，才會這麼優秀。

對話 08

完美爆發力：整體攻擊指數

OPS＝
上壘率＋長打率

Gehrig為MLB史上最偉大的**一壘手**，他跟Ruth同為**洋基傳奇**，他總是被安排在Ruth之後的第四棒，兩人連線是MLB**史上最可怕的中心打線**，並多次同場開轟，相當恐怖。他也曾獲全壘打王並入選美國棒球名人堂。此刻，我們來說明OPS（On-base Plus Slugging：攻擊指數），其中**長打率SLG**指的是**總壘打數／打數**。

關於大聯盟生涯OPS超過1的頂尖高手大概只有十人，然而Gehrig就是其中一位。

OPS＝
上壘率＋長打率

筆者喜歡看電影，喜歡棒球的朋友推薦你去看《洋基的驕傲》(Pride of the Yankees)，就會更了解Gehrig謙讓的人格特質。儘管他身懷絕技，亦懂得感恩。Gehrig的退休演說：「我是地球上最幸運的人」，深深感受成就愈高的運動員，愈是懂得珍惜。

CPB第一位全壘打數累計達300支的球員：林智勝，他生涯前20年的打擊率超過3成，OPS值也有0.92。縱然「大師兄」表現雄霸一方，但是他的座右銘令人敬佩：「把驕傲放在下巴，謙虛放在額頭，低著頭尊敬所有的人，你就會成功。」

曾經有六位OPS盟主Ruth, Williams, Gehrig, Bonds, Foxx, Trout生涯OPS都超過1，換句話說，**平均每次打擊的壘包加壘打攻擊指數至少是1個**，相當可怕。

他們的**打擊率都在3成以上**，換句話說，攻擊指數愈強的打者，安打的供輸也會愈是平穩。

同理**上壘率愈高的打者，OPS值也相對愈高**，兩者呈現正相關。相**關係數「r」愈大，代表兩個變數相關程度愈大**，其中「r」≦1。

王貞治長年在日本職棒(NPB)征戰、並不屬於MLB，但OH桑的OPS也高達1.01。

根據他的自述，荒木教練指導他用武士刀去劈砍從房間垂吊下來的紙片，所以塑造了OH桑後來精確的揮擊技巧，做到了正常選手做不

洛言23

易經卦象「謙卦䷎」表象徵謙虛：因為這樣的美德可以使諸事順利，但謙虛並不是每個人都能夠堅持的信念，只有謙謙君子才能達成。

好好活著，沉潛修練，有一天才能讓你的敵人對你的OPS完美爆發力俯首稱臣。

◆整體攻擊指數OPS＝上壘率OBP＋長打率SLG

$$\text{OBP上壘率}=\frac{\text{安打數}+\text{四死次數}}{\text{打席數}}+\text{SLG長打率}=\frac{\text{總壘打數}}{\text{打數}}$$

1. 上壘率與長打率的**分母不同**，無法直接通分相加，就算相加也只能看出**大概的攻擊能量強度**。
2. 上壘率分子的**安打數**與長打率分子的**總壘打數**是有重疊交集的，所以相加，「安打數」會計算兩次，變成OPS是虛胖的。
   註：既然OPS有多出來，那我們就直接修正公式：**將上壘率分子的安打數刪去即可**。
3. 筆者認為**比較適合的整體攻擊指數公式OPS**應該可以**在分子增加「高飛犧牲打數」**，主要是如果分母設為**打席**，本來就含有「犧牲打」的元素，而且**高飛犧牲打帶有打點**，對球隊本來就有正面直接的幫助。（作者自創）

$$\text{OPS攻擊指數（修正）}=\frac{\text{總壘打數}+\text{四死次數}+\text{高飛犧牲打數}}{\text{打席數}}$$

4. 此外，為了讓不同年代、不同聯盟的球員可以放在同一個平台比較，知名棒球網站(Baseball Reference)提出：

$$\text{OPS}+\text{公式}=\frac{\text{OPS}}{\text{聯盟平均OPS}}\times 100$$

有時還得視球場狀況做調整。

到的事。後來他與拿過NPB多次MVP的頂尖選手長嶋茂雄成為隊友，且分居三、四棒**被尊稱為ON砲**，創造屬於他們的「巨人時代」。

◆不平凡的鱒魚Trout

天使隊的當家外野手Mike Trout，之前常與隊友大谷翔平同場分居中心打線第三棒、第四棒，他是2003年**現役球員中唯一生涯OPS超過1**的頂尖打者。Trout 曾獲全票支持拿到年度MVP，他是MLB史上少見**只花十年時間達成200盜、OBP 超過4成**的頂尖選手。

特別的是他前10年全壘打就超過300發，300轟是什麼概念？全壘打王Bonds前10年頂多290轟。所以Trout仗著這樣非凡的身手，其年薪超過3700萬美元，為MLB第二高，一點也不為過。

◆引人入勝的麒麟才子

至於MLB最高薪是**三屆賽揚獎得主**的道奇隊投手Scherzer，他的年薪超過4300萬美元，絕對實至名歸。其實，先發王牌投手**主導一場比賽的成**

洛言24

王貞治名言：如果不斷苦練，運氣也會站在你這邊。

敗達60%至70%，乃為球隊的靈魂，所以平均薪水本來就比較高，這很合理。不過呢？容筆者在對話10再來談這名傳奇投手。

話又說回來，只要他是球隊勝利的精神支柱，不管他是OPS王或是賽揚獎等級投手，肯定都能是貫穿整個球季的MVP。

球賽如此引人入勝，扣人心弦的電視劇當然也不例外。

有一部電視劇《琅琊榜》，其中琅琊唸ㄌㄤˊ ㄧㄝˊ。這部戲在2015至2016年在亞洲播出即造成廣大迴響、頻頻獲獎，包括最佳電視劇、最佳男演員、男配角以及最佳導演等。

《瑯琊榜》改編自海晏的同名小說，是一部權謀鬥爭的大作，其中「麒麟才子」是由胡歌主演的梅長蘇，他才冠群雄、沉著睿智，雖以生病柔弱之姿，仍然能夠率領「江左盟」這個武功高強的團隊，力抗邪惡奸佞的惡勢力，終得逐步逆轉情勢，撥雲見日、沉冤得雪。

重點是：連頑強自以為是的皇帝都得承認錯誤、向人民道歉了。

這一個對戰系列，梅長蘇攻擊指數爆表，銳不可當。同時，他也完投九局拿下勝利，讓對手俯首稱臣。他儼然就是穿梭整齣戲的完美主秀、有著OPS爆發力的最有價值靈魂。

洺言25

「活下來，你才有機會打敗你的敵人。」在此，也向世上有著獨特生命力的你我致敬。

傳奇巨星囂張有理，因為他們背後付出的努力是我們無法想像的。

有人天生是「英雄命」，得點圈就是會打安打 ，對手看了都會怕。

對話 09

是英雄造時勢？還是時勢造英雄？

For 謙虛人生

隨著第二次世界大戰的爆發，英國於1940年也爆發內閣危機，然而憑著邱吉爾過人的智慧及激勵人心的演說、適時掌握情勢及民心，最後終於在政治角力上逆轉成功。隨著鬥爭的漸漸平息，60幾歲的邱吉爾終於成為新任英國首相，在他的自傳中寫著：「儘管我很晚才睡，但內心卻無比的踏實。因為我終於可以掌握整個方向，覺得自己好像與神同行；我過去所有的努力，好像都是為了這一刻的挑戰而準備一樣。」

時勢造就了邱吉爾成為英雄，而他也創造了新的時勢。

筆者認為「英雄」與「時勢」兩者互為因果，兩者都重要。

因為英雄如果沒有超於常人的**人格特質**、**邏輯思考**或者**堅強體魄**，如何在時勢即將蔓延展開之前，能夠逆風開局、大有作為呢？

同理，如果無法即時**看穿新的時勢**並**及時掌控**，甚至順勢席捲而來？Even 他（她）有再優的DNA，都無法成為史書上記上一筆屬於他們的英雄事蹟、豐功偉業。

所以**「英雄」與「時勢」有時侯也是並存而且互相依賴的**。

然而，有些人也會說「不以成敗論英雄」。

但歷史滾滾洪流中的評價就是這麼殘酷：成王敗寇。

每場比賽贏的球隊只有一支。你可以不必在意別人對你的評價，但是如果是你支持的球隊**經常輸球**，甚至「**不該輸卻輸了**」……

不知道球迷們還會不會在意「成敗」？筆者頂多就**拿遙控器**「盡快轉台」，因為不是很想面對傷心的那一幕。但聽說之前有球迷氣到拿i-Phone手機砸自家的電視螢幕，然後在社群網站書上要輸球總教練賠他一支新手機，甚至還留下不堪入目的咒罵字眼。

你能明白嗎？所有MLB的頂級球星都希望自己所在的球隊能夠拿到**世界大賽冠軍**，因為那將會是多麼無比的榮耀。

球星如果能夠帶領自己的球隊攀上顛峰，對於他自己與隊友、教練，甚至是球迷、家人，都會有一種「有你們支持真好、此生無憾」的終極成就。

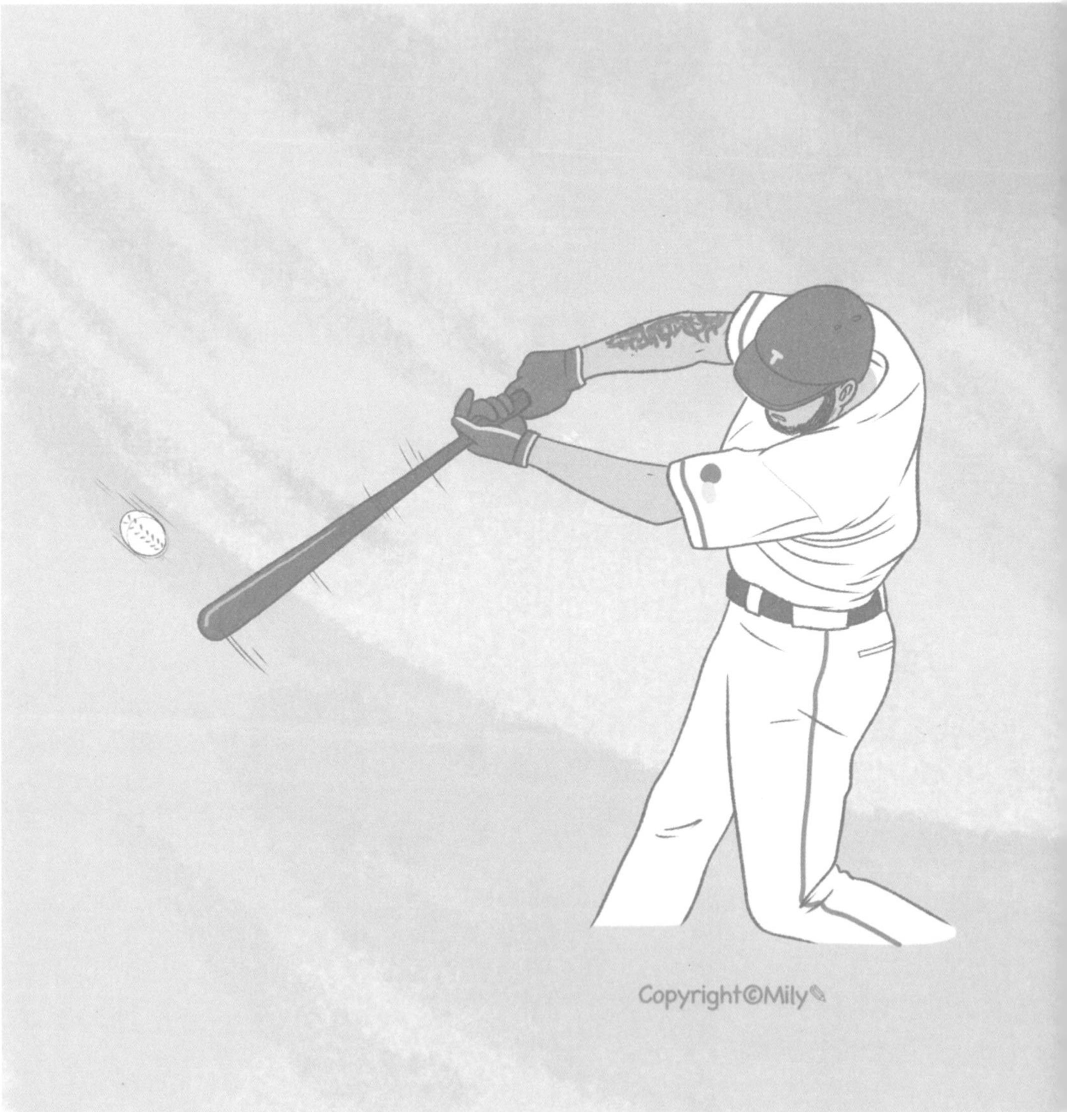

雖然有人說「不以成敗論英雄」，但是能夠帶領球隊殺進世界大賽、拿下冠軍，仍然是每位頂級打者的終極夢想。

◆世界大賽冠軍的迷思

重點來了，有很多各方面表現搶眼的球員所在的球隊，一定拿過多次**世界大賽冠軍**的榮耀嗎？

正確答案：不一定。

MLB **最會打安打**的Rose，集一生榮耀的**他拿過3次**。

MLB **全壘打最多**的保持者Bonds他也**僅拿過1次**。

MLB **打擊王** Cobb，生涯**沒有任何一枚冠軍戒指**。

MLB **打點王** Allan，生涯全壘打位居史上第二；這麼恐怖的打者，**也僅拿過1次世界大賽冠軍**。

MLB **OPS**王 Ruth，生涯攻擊指數宰制大聯盟將近百年之久，他的全壘打也位居史上第三，**在洋基王朝制霸下拿到7次世界大賽冠軍**。

◆世界大賽冠軍之最

既然表現搶眼的頂級球員所在的球隊並不見得保證拿到世界大賽冠軍戒指，那麼有**哪位MLB選手的冠軍戒指比Ruth還多**呢？

給大家猜猜他來自哪個球隊？

先猜城市。答案是：**紐約**。再猜球隊。答案是：**洋基**。

為什麼這樣問？因為紐約洋基隊歷史上參加世界大賽40次，拿到過冠軍27次，就機率的角度來說，洋基當然是最高。恰巧的是，Ruth也來自於洋基。

好的，我們公布正確答案。正解是前洋基隊捕手Bear，他拿過10次世界大賽冠軍戒指，是MLB史上之最。他生涯20年的打擊率2成8、全壘打380支，儘管從成績來看其實並不搶眼，但是**身為捕手**能有這樣的表現已經算是相當不錯。

值得一提的是，他生涯拿過3次美聯最有價值球員，還有他在世界大賽曾經幫投手成功配出一場「完全比賽」，因此深受球團信賴。這樣的紀錄，也為他之後的**總教練**生涯奠定了預見的路。

因為最強的選手只有一位，**想要「英雄造時勢」不易**，而如果「缺了你這一塊就無法塑造最強的團隊」，那麼你不想紅都不行，無形中創造了「時勢造英雄」的新格局。Bear就是具備這個特質，果然他也是洋基之光啊！

洛言26

如果你真的是不在意球隊的輸贏，筆者直覺你不是該隊的球迷，你應該就只是「路過」而已。

如果再加上他**後來擔任總教練所贏得的3次冠軍**，這樣他生涯**總共13枚冠軍戒指**，望眼MLB所有球星，不敢說是後無來者，但至今也絕對是前無古人。

還記得王建民前隊友「洋基之子」Gitter嗎？他生涯敲出超過400支安打，是洋基隊史上的安打王，他手上也可亮出5枚冠軍戒指喔。

不過當然不能一直讓Yankee專美於前，其他球隊像紅雀隊也拿過11次世界大賽冠軍、運動家隊與紅襪隊分別也有9次，至於舊金山巨人隊則有8次。

◆「英雄」與「時勢」的爭與不爭

老子說：「上善若水，水善利萬物而不爭。」意思是說最高段的善行就好比是水一樣，而水給予萬物滋養的善卻不與他們相爭。老子又說：「水無常形，順勢而為，為而不爭，方達所願。」意思是說水沒有一定的形狀，而水會遵循大自然的規律來作為，但不會去為自己爭取什麼，當然，**水的心願就不知不覺完成了**。

觀察這個「勢」的脈動，就好像Bear身處洋基王朝的第二顆指揮的大腦：**捕手**，就算他各項紀錄表現尚佳，只要他跟球隊配合得宜，他也會跟一流的選手同樣被高規格對待，成為球隊不可或缺的必勝王牌。

洛言27

一個真正厲害的角色 ，並不是持續努力成為球隊的第一，而是讓所有的人認為「這個球隊沒有你不行」，想不紅都難。

厲害的角色就像**流水一樣**，不在爭先後，而是在一點一滴的儲存自己的能量，細水長流，蓄勢待發。

所以老子才說：「唯其不爭，故天下莫能與之爭。」

原來**最撼動人心的在最後：如果你學會「不爭」，那麼這個世界上就沒有人會跟你爭了**（或者說沒有人爭得贏你）！因此，菜根譚有言：「不爭是爭，爭是不爭。」

還記得《雍正王朝》劇中四皇子愛新覺羅氏胤禛，他在24個皇子中選擇跳出白熱化的鬥爭，聽從高人指點從事耕地種田、品茶賞花，且處事不慍不火，這樣的表現剛好**順勢與康熙心中**「內斂不爭、沉潛做事」**的皇子接班人特質不謀而合**。

筆者形容胤禛的奪嫡劇本與《瑯琊榜》張力相比絲毫不遜色：

「跟眾多皇子先打球季賽，再跟十四皇子拚季後賽，最後跟八皇子打總冠軍。」過程絲絲入扣、精彩絕倫，因為他**憑著正是「不爭」二字，關鍵時刻智取逆轉、拿下勝利**。胤禛**掌握了「老爸的康熙時**

洛言28

一個選手再怎麼頂尖亮眼，永遠也比不上他手中的那枚世界大賽冠軍戒指來得閃耀動人。

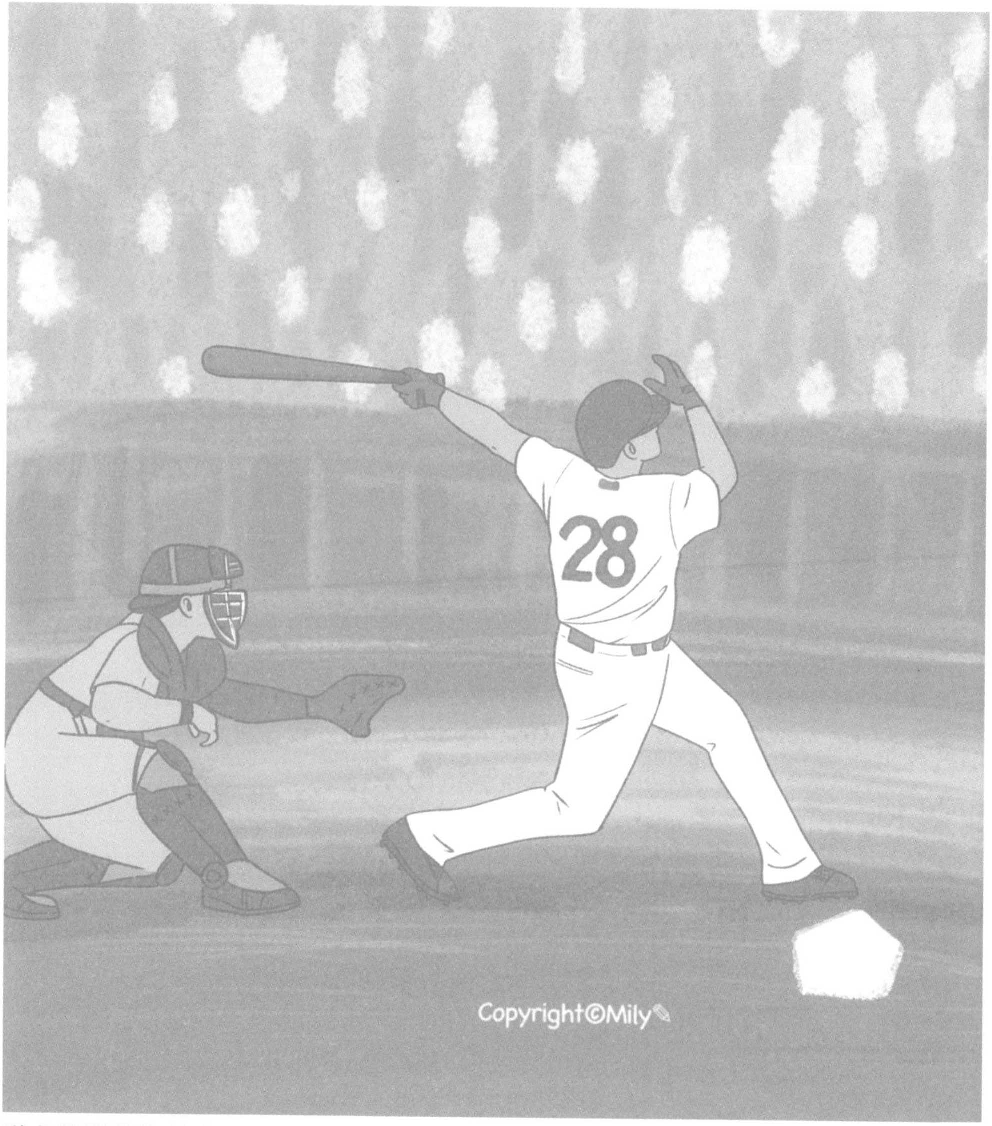

謙虛學習將你的實力融入團隊，有一天必定有適合你的位置出現，讓你盡情發揮、成為鎂光燈的焦點。

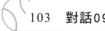

勢」，自己也願意**傾聽**別人的**建議**而努力，**創造了屬於「自己的雍正英雄」**。因此，英雄與時勢互為**因果**；同時，也互相**依賴**。

Anyway，筆者認為能夠**掌控大環境的勢，做自己的英雄**比較重要。中華職棒生涯成績創下至少**1400打點**的張泰山就曾經說過：「我們棒球選手日夜刻苦的訓練，就是為了習得一身**『輕鬆回家』**的極致本領。」筆者揣摩森林王子的意思，那個「輕鬆回家」至少有兩個層面的涵義。

說明

「輕鬆回家」至少有兩個層面的涵義：

第一、轟出全壘打，然後帶著豪氣干雲、**壓力釋放的心境跑回本壘板**(Homerun)。

第二、在外努力做訓練、比賽雖然辛苦，但只要過程是盡力的而且無愧於心，那麼就可以**用放鬆的姿態回到溫暖的心房（家），做自己的英雄**。

洛言29

在浩瀚無垠的大海中，不管天氣多麼惡劣，每一朵海浪都展現了堅韌的生命力，不斷向前、永不止息。

好好安排你的救援投手，穩住時勢、締造英雄，推出你的「王牌代打」，揮出勝利。

貳

投手篇

對話10

為了「勝投」而生的男人

關於勝利投手(Winning pitcher)，簡稱勝投，就棒球比賽的定義而言有兩種。

勝利投手

第一種是先發（勝）投手，在正規九局的比賽中至少投滿五局，且該先發投手須遵守以下規則才會成為該場比賽勝投。

1. 先發投手**下場時球隊必須是領先**的。
2. 承1，球隊**保持領先到終場**結束。

第二種是後援（勝）投手，在正規九局的比賽中不限局數，**該投手上場救援時球隊必須處於平手或落後**，而且該投手須遵守以下規則才會成為該場比賽勝投。

1. 在**投球期間**球隊**得分反超前對手而領先**。
2. 承1，球隊必須**保持領先到終場**結束。

註：如果該投手沒有投到第九局，但下場之後球隊反被對手追平甚至超前，則無關勝敗。

這邊筆者想到另一種狀況，那就是**如果先發投手還沒投滿五局就因故下場**，加上該先發投手下場時球隊是領先，且持續保持領先到終場9局結束，**那麼如果上場的救援投手有好幾位，勝投應該頒給哪位呢？**

正確答案：其實**大原則**是判斷這些**救援投手中失分最少的那一位**。

但是問題來了，如果這些救援投手的**失分一樣多**、甚至都沒有失分，那到底這幾位救援投手中誰是勝投？

正解是：由聯盟**紀錄組**進行判斷，同時考慮他們在**這場比賽**的各種關鍵表現及數據。

勝投次數是該投手**主要的戰力指標**，尤其是如果當投手壓制力強、危機應對表現得當，**自然失分就會少**，那麼隊友在攻擊或者守備時就會比較沒壓力，且表現反而特別好。只有贏球、戰績一好，球隊才有機會打季後賽。因此，也只有隊上的主力投手能夠持**續累積「勝利投手」場次**，球隊問鼎總冠軍的機率就會大增。

誰是勝投

由聯盟紀錄組進行判斷，同時考慮他們在這場比賽的各種關鍵表現及數據。

1. **當下解決危機的能力強弱**。
2. **平均每九局的三振人次**（k9值）。
3. **平均每局的被上壘人次**（whip值）。

「勝投」定義清楚了，接著我們來細數MLB「勝投」史的武林高手，首先先介紹賽揚(Cy Young)，他是MLB史上**勝投最多的投手，生涯22年的勝投次數超過500場、防禦率低到只有2.6左右**。他**拿過拿過三冠王**（勝投、三振、防禦率），值得一提的是，他還**表演過「完全比賽」**，說他是MLB汗青最史詩級的投手，一點都不為過。

◆給我賽揚獎，其餘免談

因為賽揚的表現真是個傳奇，所以聯盟為了紀念他設立了「賽揚獎」，並頒給MLB兩個聯盟各自選出一位球季最傑出的投手。目前得獎「賽揚獎」**最多次的4位武林高手**依序是：Clemens（7次），Johnson（5次），Carlton（4次），Maddux（4次）。

這些武林**殿堂級**投手他們勝投數累積都有300勝以上，防禦率也都落在3.2左右的優質表現。上述這四位頂尖高手投球年資都超過20年，難道這樣的防禦率就是人類極限了嗎？

後來筆者發現自己錯了，原來真正最厲害的是**頒獎人賽揚**吧！因為他的**勝投超過500場，防禦率低到2.6**，宰制MLB將近一世紀。Goddamn good（表現太棒囉），賽揚本人才是真正的男主角ㄋㄜˊ一號，經典台詞是：「誰人甲我比」。

◆王牌投手的定義

上述這4位武林盟主以他們在各世代超強的實力，要幫助球隊拿到好成績其實也都不成問題，像Clemens跟Carlton分別拿到兩次世界大賽冠軍，而Johnson與Maddux也都各拿一次。所以他們才能成為隊上的至尊寶！

話又說回來，我們常說**掛帥主投的王牌投手上場時**，球隊的防守會變成銅牆鐵壁、滴水不漏一般；然後隊友的打擊也常有適時的火力支援、砲聲隆隆。為什麼會這樣？**因為這是一種氣勢、無形的勝利保證。**

王牌投手

至於MLB王牌投手的定義，筆者解析如下：

再選2樣：

1. 每個球季的勝投數要維持有11～13場以上。**對話10**
2. 每個球季的防禦率ERA要維持在3.35以下。**對話11**
3. 每個球季的每局被上壘率WHIP要維持在0.93以下。**對話11**
4. 每個球季的三振總數要維持在183以上。**對話12**

必備：

5. 每個球季的上場（先發）的勝率要維持有**七成以上**。
6. 該名投手上場時，隊友會很有信心且**表現比較優**。

筆者認為身為一個球隊的王牌投手，除了**第5點**與**第6點**是必備的之外，第1點到第4點應該要**再選出2項**，這樣的表現才算是完整的優質好手喔！

「路遙知馬力，日久見人心；疾風知勁草，板蕩識忠臣。」都是在形容愈是在艱困惡劣的環境中，真正能夠頂得住壓力，甚至還可以帶領大家走過風雨、迎向勝利的leader。這不就在精準比喻這個團隊的「王牌投手」嗎……。

◆斜槓英雄出自少年

「將相本無種、英雄不怕出身低」，雖然周杰倫只有高中音樂班畢業，所以初期寫歌、譜曲很少人青睞，於是老闆及朋友建議他不如自己唱。他在2000年初試啼聲，發行了他個人的首張專輯《Jay》，即獲得金曲獎流行音樂專輯獎，之後《范特西》氣勢更是**捲起千堆雪**，接著獲得最佳**專輯**、最佳**作曲**，他的超強搭檔方文山同時也獲得最佳作詞，值得一提的是《范特西》、《葉惠美》及《11月蕭邦》**這三張專輯的銷售量更是席捲全亞洲至少500萬張**，也讓當時不看好他的人瞠目結舌、跌破不少專家的隱形眼鏡。

周杰倫出道20幾年發行十幾張專輯，不但**獲獎無數**，**總銷量更是超過八位數**，簡直就是**華語樂壇的「賽揚獎」得主**。除此之外，他更跨足電

洛言30

不用刻意去檢驗賽揚獎得主的能耐，因為他們表現就是這樣的優質，超乎你所想像、蔚為大觀。

王牌投手是球隊戰力的指標，也是隊友能有優質表現的信心保證。

影的世界，其中《頭文字D》跟《叱吒風雲》據票房統計都至少千萬美元，甚至《青蜂俠》票房還超過九位數（美元）。

這簡直就是**歌影斜槓雙刀流**的典範。他自尊心很強、也很好面子，他受邀至北京大學演講強調：「表現優異的人，並不是要多會念書，而是本質技能業要強，**內在素質比學歷還重要**」。

筆者深信：好比要成為棒球比賽的勝投，除了身懷絕技之外，最重要的，就是要有**強烈贏球的企圖心**，道理是相通的。特別的是，頻頻獲獎最佳作詞的周杰倫好友方文山，學歷也是高職畢業，但自稱是水電工的他，竟然表示**大量閱讀**成為他創作的主要來源，直覺能夠被看見非常幸運。換言之，**當你身上被賦予的潛能被挖掘、成功展現時，鎂光燈的焦點將朝你飛奔而來**。

另外一位音樂界的傳奇是韓國的創作歌手IU李知恩，剛出道的她，曾經演出電視劇裡的胖女生，被投票選為最討厭的女星，被抹黑到形象很差、負評一堆。IU覺得：「**雖然別人不喜歡我是他們的自由，但能夠努力做自己也是個人的權益**。」所以她秉持「不管怎樣都要努力撐下來」的毅力開始蛻變。2011年藉由《Good Day》獲**最佳歌曲**嶄露頭角，之後專輯《Last Fantasy》2012年大放異彩，其中歌曲更雄霸國內外音樂榜前三名，此後10年更是屢獲大獎，包括**最佳創作、最佳女歌手及音樂大賞等**。

洛言31

能夠在球隊最艱困的時候挺身而出，帶領球隊逆轉戰局的投手，就是王牌投手。

無獨有偶，IU同時也**橫跨電視劇**、**廣告圈**，榮獲**亞洲三大新人**、**最佳人氣**還有**十大偶像**，累積13年來大獎認證**達三位數**。值得強調且令人佩服的是，**她也僅是韓國的高中畢業生**。或許是她學歷不高，出道初期飽受經濟壓力之苦，所以成名後的IU一**有機會就會捐款**給偏鄉兒童、孤兒院、暴雨受災戶還有考上大學的低收入戶等，據報導**累積金額達九千多萬台幣**，將近一億。IU雖有成就卻不忘初衷，捐款善行、迴向給需要幫助的人，建立典範。筆者以宗教正能量之說，強調「積善之家必有餘慶」，使得人間有愛、生活有情，彷彿柔弱之人穿上了鋼鐵盔甲變得更堅強、更無所畏懼。

有了善行義舉，愛心照亮人間。**日職全壘打王**：王貞治在九二一大地震發生之後，除捐款數百萬台幣之外，還將**個人簽名的球衣供國人義賣**，讓人真正感受到英雄MVP的價值。

＊＊＊＊＊

我是中華民國乘風破浪的海軍。以上幾個勵志明星讓筆者想起海軍退伍時，艦長送的一段話如下。

洺言32

當柔弱的小白兔穿上鋼鐵盔甲時，就連毒蛇猛獸也只能敬畏三分、徒呼奈何。

對話11

關於投手的防禦率與被上壘率

$$防禦率ERA＝\frac{責任失分}{投球局數}\times 9$$

$$被上壘率WHIP＝\frac{被安打數+四壞球}{投球局數}$$

數學是一門**定義嚴謹**的學科，如果公式定義在**說明上不夠明確**，**那也不叫數學**，說白了就可能只是一般的應用科學。比如說在理工科會令大約值 $\sin 37^\circ \approx \frac{3}{5}$，而**數學會**先查表再將sin37度精準至**4位科學記號**表示為 $\sin 37^\circ \approx 0.6018 = 6.018\times 10^{-1}$。因此**數學**這個學科對錯分明，盡量朝沒有灰色地帶、無懈可擊的目標邁進，所以又名**科學之母**。話又說回來，因為**現在網路無國界**，參與討論棒球比賽的人口愈來愈多，故**各項衡量的標準**提出時，**其實看得懂就好**，**根本不需要多艱澀**。

而且，辨比賽**需要有球迷支持**才會有門票收入，所以**定義衡量的標準**當然是要**平易近人**才是啊！

好的，那我們先來定義ERA(Earned Run Average)：**平均每九局的投手自責分率**，所以按照字面上的意思，**數學**公式呈現如下：

$$\text{ERA}=\frac{\text{投手責任失分}}{\text{投球局數}}\times 9$$

公式中的**分子**：**投手自責分**指的是上場的投手因為**保送**或者**被打安打**最後有回到本壘的**人次**，但是這不包括因為野手失誤或者捕手捕逸、妨礙守備所造成回到本壘的人次，因為如果這樣就不能算是投手的責任失分。

接著，我們看一題**防禦率的計算說明**。

防禦率計算說明

太空人隊Verlander在2022年，他拿下**防禦率王**、**勝投王**、**賽揚獎**。那麼假設他在球季總共投出170局，責任失分35，所以他的防禦率計算如下：

$$ERA=\frac{35}{170}\times 9\approx 1.853$$

防禦率低的投手，面對得點圈有人時，確實能夠穩住思緒、臨危不亂，配合隊友守備將失分壓到最低。

你知道防禦率1.853是什麼概念嗎？根據知名作家John Lowe的說法，**先發投手單場完成6局以上的投球，而且退場時的自責分在3分以內即為「優質先發」**，也就是說在MLB**先發投手**的ERA如果小於 (3/6)*9=4.5 就符合優質的條件，難怪球季ERA能在3.35左右才有機會成為聯盟頂標。

各位球迷朋友，你們可以想像**平均每九局的投手自責分率ERA**能夠維持在**2以下的1.853**有多麼可怕嗎？

如果真是這樣，Verlander能夠拿下這三項大獎，那也沒什麼好爭辯的！

◆防禦率的史上夢幻之王

接著來介紹五位歷史上擁有生涯2左右的**優質防禦率**且**進入名人堂**的資深投手：Walsh, Joss, Brown, Ward, Rivera。

值得一提是Walsh的生涯WHIP（每局被上壘率）是史上第二低，僅次於Joss，兩人同為**殿堂級「壓制力」**的頂尖投手。重點來了，「**總冠軍賽戒指**」Brown有兩枚，王建民前洋基隊友Rivera則有五枚，真的是羨煞旁人啊！

◆被上壘率WHIP

再來，我們來看WHIP（walks plus hits per inning pitched）從字面的意思是說投手每局的**被上壘**（被安打數＋四壞球）人次，公式定義如下：**WHIP=（被安打數＋四壞球）／投球局數**。

若WHIP值愈低，代表投手愈不會製造對手上壘的機會，**其穩定度愈高**；反之，WHIP值愈高，投手愈容易遇到壘上有人的危機，愈容易讓教練團擔心。正常情況下，球季賽中投手的WHIP值能控制在0.9以下已經是箇中高手，也就是說平均每局被上壘人次**能被控制在0.9左右的MLB投手**，就算是擁有**優質「被上壘率」**了。

但是重點來了，就算是WHIP值=1好了，那麼這位「俗稱」擁有著**好的被上壘率WHIP的投手，他的ERA一定也會保持穩定低嗎？**

答案是：**不一定**。

舉例：小洺最近3場比賽共投出18局，WHIP值=1，也就是所有的上壘共計1×18=18（人次），但若這18人次恰集中在某6局發生，且**這6局上壘狀況都是「安打=>保送=>全壘打」**的每局各丟3分，故這18局的責任失分為3×6=18，故ERA=(18/18)×9＝9。

結論：小洛的**WHIP值=1**，但是他的ERA卻高達9。

當然，真實賽況大部分不會這樣發生，筆者只是舉極端的反例說明而已。所以雖然WHIP值偶爾會發生**判斷上的偏差**，但偏差其實不大，它仍有**一定程度「壓制力」**的參考價值。以**歷史上單季最低**WHIP為例，是紅襪隊Steele所創下的0.83，那個球季他的防禦率也低至1.83，表現就相對不錯。**看清楚，這只是單季**，難怪這麼低！

◆壘包精算師

筆者發現當壘包上有跑者，甚至有跑者出現在得點圈使得球隊面臨失分危機時，有些**很有經驗的投手**就會有技巧性地**製造出局數**進而凍結跑者，留下殘壘。對手只能望著球場興嘆、時不我予。

所以不論是：

(1)讓打者擊出**內外野高飛必死球**。

(2)讓打者擊出**內野滾地球造成雙殺**。

(3)展現**投手的七彩變化球**將打者三振。

身為一個壘包精算師，面對危機處理時，能夠沉著冷靜、適時穩定局勢。如此隊友也會感染到你穩定的風采，展現精彩守備。這就是王者風範。

都是投手在危機處理時展現**決殺武器**的Show Time。

哪怕是無人出局或者是一人出局滿壘，**就算是失個一、兩分，其實對球隊、對投手來講都是剛好而已**。

不過，球場上有一種情況就是某位投手雖然**帳面上的WHIP比較高，但ERA卻比較低**，為什麼？

筆者稱這種朝「**失分最小值**」努力的投手，叫做「**壘包精算師**」。

接著，我們來介紹比較常見**精算師**的兩種可能。

第一種是故意保送難纏的棒次到一壘，然後**再讓容易解決棒次擊出內野滾地球**，最後內野手選擇傳比較容易轟殺的壘包即可；最好的結果當然是**雙殺**。

第二種是故意保送難纏的棒次到一壘，然後**再三振較容易解決的後面棒次**。

筆者看過MLB遊騎兵隊王牌投手達比修有的一場比賽，一出局後投出保送、又被敲安打，接著又投出保送，讓對手攻佔滿壘。接著達比暫停跟捕手研商如何配球之後，利用他犀利且又多樣的變化球，**連續三振兩名打者**，他安全下莊、一分都沒有丟。數據會說話，2013年達比修有的WHIP高達1.13，但是投手自責分率ERA卻低到只有2.8。

「江湖一點訣，說破不值錢」，因為他是**當年的美聯三振王**，成為他ERA壓低的關鍵因素。

故WHIP較高的投手，如能運用自身的高三振率，或者隊友精湛的守備，化解失分進而降低投手ERA，就是典型的「壘包精算師」。

那麼，ERA與WHIP兩者有怎樣特別的關係呢？經過評估得到**相關係數**算是**比中度正相關再高一些而已**，這樣會與我們之前的討論不謀而合：**「壘包精算師」的出現，明顯降低了ERA對WHIP的相關程度。**

◆點石成金

「**當命運交給你一顆酸檸檬，你要想辦法把它做成一杯可口的檸檬汁**」這是來自卡內基的名言。同理，如果對手在得點圈有人，投手如何與隊友策略運用、展現優質默契，**將失分減至最低**，這是球場上**防守方**眾所皆知的守則。因為**最好的攻擊就是「防守」**。

洛言33

「壘包精算師」讓棒球比賽更具戲劇張力，不再一成不變，這也是棒球引人入勝的地方。

值得一提的是「如何利用環保回收，讓經濟效益發揮最大值」是現代企業決勝的**防守概念**、也是**趨勢**。比如說：將海洋的回收物加工轉化成球鞋、購物袋、充滿巧思的藝術品等，賦予了廢棄物新的價值，讓「石頭變黃金」的魔術幻化成真。再者，筆者常聽前輩們說「勤儉才能持家」、「聚沙才會成塔」等佳句猶言在耳，司馬光也勉勵大家：「**儉，德之共也。**」，表示節儉是一切德行的共同根源。

◆長尾理論

現在時代不同囉！自從有了**捷運與高鐵**、**網路與直播的大環境**之後，人類已學會利用科技的長尾理論(Chris Anderson)，就算是**銷售不好的產品，也能運用這個有利的環境，得到之前無法想像的利潤**。

Anderson 指出：甚至我們把「銷售不好的產品」透過**網路熱門搜尋**、**網路銷售平台**或者**外送平台**，跟所有類似的產品一同銷售，那麼所獲得的利潤有可能會與熱門產品的銷售量打平甚至領先。最經典的案例就是**網路購物**（3C、書局、衣服、家具、汽機車用品等）。網友同好可以在這些平台各自選擇自己適合、喜歡的產品，不見得只能選擇熱門產品才會有特價。

網友只要再**付一筆合理公定的金額**，就可以享受比搭車購物往返更優惠的價格，其實說穿了，省下的就是寶貴的時間成本。同時，商家還會將**相同區域的產品併裝**一起運送，也節省了不少**交通成本**。這不就是市場供需的雙贏，何樂不為！同理，球賽也是如此。

教練團會把比賽當天**主審判決的好球帶**以及敵方先發投手的**主要球路和必殺技**在賽前**讓打者不斷演練**。

重要的是，對先發投手打擊率較高的打者棒次盡量能夠排前五棒，期待能在比賽的前段就拿下分數；這樣一來，**同時也讓本隊的投手吃下定心丸**，提高贏球的企圖心，更加穩定戰局。

這就是**相輔相成的良性互動循環**(virtuous interactive cycle)。

從另外一個角度來看，球隊努力爭取戰績之外，同時也安排清涼有勁的啦啦隊女神參與表演，雖然付出不少金額，但如果處理的順利，**球隊吸引球迷進場的豐盛票房**，早就足以cover之前付出的成本囉**！**

洛言34

在酷熱的夏天吹冷氣是一件開心的事，但是當活動結束、冷氣必須關掉時，如果把電扇打開讓它再轉一轉，你會發現還有十分鐘的小確幸在你我之間。

對話 12

七彩變化的三振Strike Out：棒球場上最好吃的甜點K9

球場上關於打擊，一般大家喜歡看的是「**安打**」、「**全壘打**」，這是球迷偏好的**開胃菜**；而關於攻守交換後的投球，大家最想看的是「**三振**」，正是球迷心中最棒的**甜點**。

想成為MLB球場上**優質的三振型投手**，通常他們身上就會具備以下的幾個特質：

3項再比例分配　接著　必備

第一、**直球速度**夠快（二縫線或四縫線的球速要在156至162km/hr之間）

第二、**球種選擇**夠多（伸卡、卡特、指叉、曲球、滑球、變速球、蝴蝶球……），至少要有4種以上可以搭配。

第三、**控球能力**夠好（四壞球保送率*BB*/9要壓低）。

第四、與捕手**協調配球**的**球速落差**策略要夠靈活，懂得傾聽、更不會一成不變。

第五、面對危機的**應變能力夠沉穩**，要成為球隊的定心丸。

第五點需要**不怕失敗**的人格特質，以及**教練願意給予機會上場磨練**，還要有能夠給予隊友**想要贏球的渲染力**，所以難度最高、因人而異。

遙望MLB歷任不同時空的武林盟主，筆者列出七位頂級**三振**好手包括 Ryan, Johnson, Clemens, Verlander, Scherzer, Kershaw, Darvish，待我們細心品味。

1. 這七位三振盟主的生涯k9值（每九局的三振次數）都超過9，換句話說平均**每局至少會有一次三振**，相當可怕 。（註：一般來說，**MLB 的k9值平均大約是7.1**）
2. 七位三振盟主的防禦率ERA不約而同都落在3左右；簡單來說，他們每次一站上投手丘，平均每場比賽（9局）大約只有丟3分。（註：**MLB先發投手**前6局的責失少於3分，就會符合**優質**先發的條件）
3. 身高超過200公分、生涯拿過9個球季三振王的「巨怪」Johnson，**三振次數僅次於Ryan**，史上排第二；**賽揚獎次數也僅次Clemens**，史上也是第二。場上有如此非凡的表現竟然還**謙虛**的說：「你們看我投了20幾年的球賽，其實不是一直都很順利，可能**很少人發現我調整了5年才進入狀況。**因為我身材比較高大，要找到最佳姿勢及出手點其實不易，但當然**我覺得我應該要對球隊做出貢獻**，謝謝他們支持」。
4. 如果球季的ERA能夠控制在3以下，且能努力拿下三振王，加上球季**勝場數至少15場**，那麼在那個球季就非常有可能挑戰**賽揚獎**。特別的是2013～2023這十年間，Verlander,Kershaw,Scherzer這三位巨投各自達標三次賽揚獎，且帶領球隊制霸世界大賽冠軍，無以復加。

先發投手想要達成完投勝，而不需要中繼、後援投手的幫忙 ，除了要有優質的防禦率之外，還得要有高三振率。

重點是他們宰制江湖至少15年，**每個球季平均至少都能拿下12次至14次勝投**，令人嘆為觀止。（註：衡量一位投手強弱的三項重要指標是：球季的**勝投數**、**ERA**以及**三振次數**）

◆欣賞投捕配球的藝術

如果你是投手，想要好好的跟打者周旋，最重要的是要先讓捕手了解你的球種有哪些，名球評家曾文誠如是說；接著是教練團及捕手要了解關於**球種的軌跡**以及**速度之落差**，最後如果可以再好好研究各**球種的握球**、**出手（點）方式還有配球比例**。然而，這只是剛開始而已。

因為打者也會有預測你的球種其特質及習慣，加上現在網路資訊很發達，各球隊很容易就能做好情蒐，而且透過影片的**不斷播放**，你即將**碰到的對手搞不好比你還清楚「你的現況」**。

有鑑於此，最好每局、甚至**一有狀況就要改變配球模式**。

特別的是，「知己知彼，百戰不殆」，你還得仔細研究兩個很重要的面向，那就是**主審的好球帶的偏好**以及**打者擅長的九宮格位置**。……**對話22**。

洛言35

一場棒球比賽如果少了「三振」，就好像一部電影的主角還來不及秀出他的「絕殺武器」，電影就結束了。

從MLB遊騎兵隊到加入教士隊的達比修有，他之所以能夠有平均每個球季13勝的優質表現以及K9值高達11次以上，應該與他的配球擺脫了原有的邏輯框架有很大的關係。

他的配球跟一般傳統模式不一樣，恰巧會直接顛倒過來，正好給大聯盟選手來個training day（震撼教育）。達比會先來幾個變化球像是卡特球、滑球、曲球，混淆打者視聽，之後關鍵時刻再丟一顆**軌跡與前一個變化球類似的快速球**，打者有時就是常會愣住、傻眼，如果反應不及，很容易就打不好、甚至直接會被三振。

◆兒女情長．英雄氣短

與其說達比修有心機重、城府深，還不如說他掌握了人性。因為如果他配球沒有這樣逆向操作，被「三振」的很有可能是他自已。

我有同梯的海軍朋友阿信經常為情所苦，追女孩子經常被三振，不是半路殺出程咬金、鎩羽而歸，就是個性不合、相愛容易相處難。

後來我請教過一位婚姻諮詢心理師，他說阿信個性不懂得**折衝樽俎**，說話太直白、會傷人。這樣子外在條件再好的人就算有機會論及婚嫁，可能婚緣也不會長久，失敗率很高。

這位心理師以韓國兩大巨星宋慧喬、宋仲基的交往為例，他說**螢幕情侶**說真的在婚姻這條路上很吃虧，因為彼此大部分都是因「戲」結緣，雙方的認知其實並不真實，而且彼此被吸引的地方很有可能就只是螢幕上「**優異的外表形象**」及「**浪漫的深情對白**」。重點來了，當有一天在生活上起了爭執，很有可能這種**不舒服甚至火爆的氛圍就會蓋過之前「互相吸引的外在」**因素，明白嗎？

這種極大的反差對彼此都很傷，一次、兩次……很多次之後就會GG Bye Bye了。

說真的「螢幕巨星」可是雙方都有廣大的粉絲群，其實被寵愛都來不及了，怎麼還會這樣被對方嫌惡呢？

當然「螢幕情侶」也有順利一起相處很久的，這應該**還是要看雙方相處的「配球模式」**是否適合彼此囉！

聽聞金庸小說筆下武功最高強的，不是「射鵰」的郭靖，也不是「倚天屠龍」的張無忌、更不是「笑傲江湖」的令狐沖，而是「鹿鼎記」的韋小寶。

咦……韋小寶根本就不會武功啊！為什麼會這樣說呢？

能夠掌握「配球策略」的投捕關係，好比善用良好的「表達技巧」，說服對手使其措手不及、毫無招架之力。

因為憑著他**辯才無礙的口才、話術**，說服了武林各路人士，就連皇帝都是他的好友，甚而妻妾成群、富貴風光，前景可說是無可限量！

這樣說或許很諷刺，但筆者認為金庸大師除了在說明世俗人間為達目的、「阿諛奉承」無所不用其極，但他更強調「如何表達」在現代生活中扮演的重要性。

台灣這幾年的離婚率在亞洲高居榜首（或第二名），據統計2021年（15歲以上）五年以內就**離婚的比率高達35%**，特別的是20歲至24歲的離婚率**男、女都超過75%**，一再佐證在台灣這個環境二十出頭的年輕人，如果沒有認真考慮就步入禮堂，最後分手的機率超過四分之三。（**往好的角度想，也有將近四分之一新人是順利保住婚姻的！**）

有鑑於此，這位婚顧高手教了阿信幾招適合他的**婚姻交往「三欲」配球模式**，男女適用，讓他沉澱、感受一下：

第一、欲迎還拒、沉默是金：

在這個世界上沒有人保證一定要結婚才算是有自在或者開心的人生，有些人真的比較適合一個人過日子。在婚前單身的生活最好遵守「尊重別人、疼愛自己」的核心價值，所以當對方拒絕你的時候，even你

洛言36

其實真正的「武林高手」，會運用「表達」這套武功，製造人際互動、財富雙贏。

很喜歡他／她，也要表示：對方很優秀、但你將來也會有其他的選擇，沒關係，若不介意你們還是可以當朋友！

如果對方沒有回你，你也不要回應。記住「不卑不亢、沉默是金」，這樣雙方都有台階下，隨緣自在。記得這樣做，你才會在別人心中維持一個不錯的高度。這樣做的優勢是**「留一個口碑」**在別人心中，之後如果還有其他好的合作機會，應該就會優先想到你。

孤獨一個人其實並不孤單，有心海為伴，怎會孤單？　是寧靜。
寂寞一個人其實並不落寞，有日子為伴，怎會落寞？　是沉澱。
享受一個人的自在，無價。

第二、欲言又止、幽默似鑽：

如果有機會進一步交往，那「相處」這一關的難度才正要開始，重點是仔細觀察你們平時發生口角、**磨擦的點**在哪？有時候明明是芝麻綠豆小事，後來竟然吵翻天。「如果你怕被三振，最好疑似好球的進壘點都要把它擊成界外球，免得後悔懊惱」。

那些即將要「逞一時口快、一吐怨氣」的話最好當下及時煞車，進而化解這場快引爆的紛爭。然後緩緩後再用幽默溝通，這樣才能保證相處時光大部分**「和ㄏㄢˋ你」是甜蜜的**，此時就是Honey！否則**悲劇「憾ㄏㄢˋ你」**就會發生，耳邊就會開始響起悲傷的情歌自怨自憐，終於印證思念從分手開始、錯過總是最美。

一部充滿愛情哲理的香港電影「擺渡人」，片中男一號梁朝偉他在輔導一位失戀的人時，說了以下關於緣分的金句，大致是這樣：「緣分就像冰一樣，把它抱在懷裡，冰化了，才發現緣分也沒了；硬是抓著冰、手會痛，就算不放手，冰最後也會消失。」學習幽默化解無奈，與自己和解，這段心境很重要。因此，筆者所體認的君子之交淡如水，這個與李叔同（弘一大師）的「以淡字交友」不謀而合，果真是悟透人生、一語道破。

第三、欲擒故縱、決勝千里：

有些人在即將結婚之前**試婚紗時**會知道一個大原則：在**50分鐘以內**選好的婚紗是比較適合自己的服裝，而超過一個小時後所要選的婚紗就會開始眼花撩亂、心慌意亂，反而不適合。

其實試穿婚紗是興奮、開心的，**多巴胺**(dopamine)分泌會有時效性，時間到了，這種「灰姑娘」**被獎勵的心情**會慢慢被打回原形，女生男生都一樣。因此，**想要結婚的人都得要好好想清楚**。

筆者看過一對新人本來新郎答應要訂下新娘之前看好的那副鑽戒，打算生日當天送給新娘子。後來看完婚紗後新郎卻反悔說他沒錢、以後再說。正當發現新娘子心裡不舒服、衝出去外面公園石凳上啜泣時，新郎也追出去，在一旁誠懇道歉：「以後我有錢一定加倍補償給你。不好意思，因為我們結婚要花好多錢喔！」

「對我而言，**你善良柔軟的心比鑽戒的星星還要亮晶晶呢！**」正當新娘子的表情陷於一半從希望變成失望、一半被哄騙心軟時，完全沒有注意到轉角長廊傳來鞋跟的聲音，尖銳的回音愈來愈明顯……

絕望且後知後覺的新娘哪會注意到周遭的狀況，就在這個moment，穿著高跟鞋的專櫃小姐已經走到新娘身邊，對她說：「這是您旁邊這位先生在三個月前訂好的鑽戒，請簽收，還有，祝您生日快樂。」

相信心境從槁木死灰到春意盎然的女主角，應該會想要一直沉醉在這個「粉紅泡泡」的氛圍下吧，希望永遠別醒過來！

這是一種反差設計的Surprise。

段數高明的男主角果然像**魔術師**一般，彷彿先讓女主角**置身投手「滿壘無人出局」**的山窮水盡，緊接著再上演**將對手「首先三振、再來雙殺」**的柳暗花明。

洛言37

對於你生命中認為愈是重要的人，愈是要出其不意給予「驚喜」，這樣 相處才能長久、愈陳愈香。

要成為棒球比賽的頂尖投手，除了本身天分之外，還要在比賽過程適度地修正自己，讓自己成為解決困境、幻化成魔術的高手。

對話13

想要成功，除了隊友的幫忙，還要有運氣

For 團隊分享

生涯拿過六次NBA年度MVP及六次總冠軍的湖人隊「天鉤賈霸」Abdul-Jabbar，有著平均每場得分超過24分、每場籃板至少11個的傲人成績，就曾經說過：「一個人可以作為團隊的中流砥柱，卻不能夠取代整個團隊。」

籃球是如此、棒球也是。

不管是勝利投手(Winning pitcher)、還是救援成功(Saves)，在正常狀況下投手絕對不是只靠自己一個人就能完成，**一定得靠隊友精彩的守備幫忙，甚至還要有神奇的運氣加持**，才會順利過關。比方說：對方進攻，本隊的防守有三狀況。

有人說「**掛帥先發**」，所以先發投手有**決定一場比賽勝負的70%影響力**，因此投手的心情很重要，如果投手不穩定，可能會直接影響成敗。

狀況一：一人出局滿壘，投手投出進壘點較低、不好打的球路，此時打者擊出內野滾地球，游擊手接到這個強襲球轉身先傳二壘，此時二壘手接到球後先避開一壘跑向二壘的跑者、然後再翻身騰空將球傳向一壘，完成雙殺(Double played)……對話16

說明：該名投手安全下莊、沒有失分，全靠內野手隊友的雙殺守備化解。 這個時候，我們就會經常看到投手跟隊友擊掌、振臂歡呼。

狀況二：兩人出局得點圈有人、甚至滿壘，投手不小心投出進壘點較高、蠻好掌握的球路，此時打者擊出外野強勁的平分球，或者擊出外野接近warning track的高飛球，說時遲、那時快，外野手隊友高舉手套向後飛奔，不斷的向後退，向後退……最後只見他一個箭步跳了起來，硬是把小白球接進手套，**落下時還剛好撞上全壘打牆**，他躺下時不忘舉高手套「OUT！」……對話20

說明：對手的跑者**因為兩出局的關係，球一打擊出去就會開始起跑**，我們不難想像這一球如果隊友沒有接到，對手的跑者應該就會全部跑回本壘，俗稱「**清壘**」。所以該名投手絕對是嚇出一身冷汗。比賽結束後投手應該就要請這位外野手去吃大餐，因為外野手幫該名投手守住了ERA ，甚至守住了勝利。

狀況三：投手狀況不佳而投出四壞球、甚至被打安打致使壘上有人干擾著守備方，捕手配合野手長傳小白球，就在跑者回壘之前將他牽制觸殺在壘包之前，完成一個出局數……對話19

說明：當壘上有人時， 投手心情難免會受影響，有時會像眼中沙、喉中刺一樣難受，此時野手如果能夠合作將跑者觸殺出局，對投手情緒的安定還有之後的戰局，會有一定程度的助益。

如果我喜歡的球隊有這種金手套等級的好手，我應該會高興到跳起來，甚至想要立刻買票進場看他們現場「Nice play」表演。

洺言38

一個人真的是無法單獨生活，因為你總會出門去吃那碗極品拉麵、喝一杯絕殺飲料，然後買票去看場最棒的「峰迴路轉」劇情片。但是，重點來了，沒有這些人，誰幫你煮麵、泡茶還有放映電影呢？

投手要用心投球、放膽去對決打者沒關係，因為你身後還有隊友能夠幫你守住這個勝利。

就是因為這樣，筆者覺得：場上除了投手之外，**還會有八個隊友將成為為投手輔助戰局的定心丸**。一個「**捕手的長傳二壘阻殺**」、「**外野手的雷射肩本壘觸殺**」都可能是影響整個比賽氣勢的關鍵。

最開心的應該就是投手跟現場的球迷吧！

「人有悲歡離合，月有陰晴圓缺，此事古難全」蘇軾如是說。同樣的道理，不是每場比賽野手都會完美演出。這邊筆者想到如果**因為野手發生失誤致使打者上壘**，而且後來這名上壘的打者因為後續進攻而回本壘得分，那麼對場上投手的ERA會有影響嗎？……對話18

正確答案：不會。

詳解：如果野手發生失誤致使**上壘的打者**後來回到本壘得分，那麼跑回的這一分，稱作**非責任失分**(Unearned Run)，所以投手平均每九局的自責分率ERA是不會有影響的。

$$\text{ERA} = \frac{\text{投手「責任失分」}}{\text{投球局數}} \times 9$$

洛言39

身為一個的投手，如果球隊陣中剛好有幾位身手矯健、常常演出「Nice play」的野手， 甚至幸運到有金手套等級的好手出現，應該就是上輩子有燒好香吧 ！……對話20

◆團隊分享

不管如何，團隊的成功或失敗都得由團隊成員來承擔；同樣的狀況，地球天災無國界，如果有國家遇到災難，大部分的友邦都會伸出援手，不論是出錢還是出力。2023年土耳其與敘利亞交界處發生芮氏規模7.8大地震，根據芮氏地震能量E與規模M關係的**高中數學公式**為：log E（爾格）=11.8+1.5M（規模）如果是與921地震的芮氏規模7.3相比較，土耳其地震的能量大約是「921」的5.6倍，死亡人數近6萬人。這次相當可怕的地震，全世界總共有66國搜救隊前往救援，台灣也不例外。

雖然部分搜救隊也曾參與日本311大地震救災，不過在土耳其的環境更加惡劣，因為**他們還要在低溫中席地輪流休息，在取暖之際還要跟老天爺搶時間營救生命**。然而搜救隊要在瓦礫堆中找尋生還者，偵測到有生命跡象接著各國就會立刻跟進挖掘，一旦有生命被救出來，各國夥伴就相擁而泣、振臂歡呼。就像是瓦礫堆中空隙跑進來那個光，有神仙發現你了……

好一幅**人間煉獄遇見各國神佛菩薩「聯手救命」**的畫面。

據報導當年台灣發生921地震時，土耳其是第一個派搜救隊來台協助災區搜救的國家。而這次土耳其遇百年大地震，台灣即刻出動2批救難隊計130人前往救援；同時，台灣同胞捐款不落人後，僅僅28天的善款就達11.8億元。天道善因正向輪迴，2024年台灣花蓮發生7.2級地震，土耳其立即遣派無人機專家前往花蓮協助救援，傳為佳話。

其實說真的，不需要怕「分享」你的資源給別人，因為根據**牛頓第三運動定律：「一力作用在一物上，必生另一反作用力，而且大小相等、方向相反」**，所以即便是你推牆壁一下，牆壁也會用相同力道把你推回來。

當然在「**人的世界**」比較特別，你對別人好，理論上別人也會對你心生感激，至少比較不會找你麻煩。這就是人性。在球賽的互動中，有趣的是「勝負」是生命共同體，**球員努力爭取好的表現**，總教練看在眼裡就會經常**給你機會上場比賽**，球隊戰績一好，**總教練就會被重用**，這是多美妙的良性互動啊！

洛言40

當我們努力合作要完成一件對世界有意義、有助益的事，如果能夠用心堅持下去，就算遇到困難，老天爺也會適時伸出援手。

中繼、後援投手想要「守成」拿到中繼／救援點，除了要有別於先發投手的優異球種之外，還得要有較低的失分率，避免被翻盤。

對話14

中繼／救援成功：安全感十足的守護神Closer

筆者也看籃球比賽，節奏明快、得分快速，教練團一個進攻或者防守的**區域聯防改變**，有時就會讓自己的球隊在幾分鐘之內逆轉對手十幾、二十分，相當驚人。尤其是第三、第四節板凳深度(bench depth)夠深的球隊，教練就會善用球隊的優勢，一舉在比賽的後半段將對手擊沉、一舉殲滅。

所謂的「**板凳深度**」強弱，泛指替補球員的素質的水準好壞，如果籃球比賽下半場替換上來的選手可以讓主將下場喘口氣，甚至可以穩住戰局，那麼這個球隊在第四節就會有比較好的戰鬥力贏得勝利。同理，棒球比賽也是如此。

通常第六局以後稱為比賽中後段，教練團就會視先發投手狀況、比分領先／落後程度，適時提出中繼、後援投手，或者是強力代打來扭轉劣勢、反敗為勝。值得一提的是，**籃球比賽下場後的選手可以再上來比賽；但棒球規則就是不行**，投手與野手該場比賽做了更換，就不得再上場。

同時棒球場上代打的選手就連守備位置也要跟著上場比賽，除非他是投手的指定代打(Designated Hitter, DH)。

話說回來，因為職棒選手的分工很細，正常來說一場比賽不會讓先發投手投滿九局，除非這名先發武藝精湛、膽識過人，不但**「爆發力」過人，連「續航力」也強強滾**。前七局用球數85球上下，而且不讓對手越雷池（回本壘）超過3分，那教練就可能首肯讓他挑戰完投。說真的完投勝已經很難了，更何況是**完封勝**。

◆完封勝(Shutout, SHO)

MLB投手丘的江山如此多嬌，引無數強投英雄競折腰。細數完封風雲人物，我們要向這些歷屆武林高手致敬。筆者真摯推薦Johnson, Alexander, Cy Young, Ryan。他們超過20年的職棒生涯中完封場次至少有60至100場，這樣算下來平均一個球季都有3至5場完封，不禁令人驚嘆其體力及旺盛之企圖心。特別的是Cy Young的500場勝投及Ryan的5000次以上的三振最令人津津樂道。

◆中繼成功(Hold)

「中繼成功次數」是一項用來判斷一位中繼投手好壞的統計數據，其中**勝投、中繼成功、救援成功**這三項紀錄在同一場比賽裡，一名投手**最多只能獲得其中一項紀錄**。

第六局開始中繼投手登場時，至少讓一名打擊者或跑壘員出局，其**下場時**球隊仍然**保持平手或者領先**，同時他所**留下的跑壘員（責任失分）之後不會讓球隊處於落後或者被追平**，即可獲得一次中繼成功。

通常這項紀錄比較不搶眼，比較屬於**默默耕耘的那種角色**；反而在投手的世界裡**勝投與救援成功比較容易被看見**。好的，接著我們來看MLB史上**中繼成功**最厲害的首推曾經拿過**2次中繼王**，最快球速接近160km/hr的Watson，他的生涯中繼成功**超過200次**排序第一，無人能出其右。

筆者覺得另外一位也很牛的 Peralta，也拿過2次中繼王，他的生涯累積超過150次中繼成功，他與Watson並列40次單季最多中繼成功的大聯盟紀錄。

通常中繼投手吃力不討好，如果是球隊落後時上場，一方面教練團是希望他能夠當幫球隊「**踩失分的煞車**」，有不能再丟分的壓力，此時如果隊友沒有打點進帳幫他將分數扳平，看來只會做白工。

要成為一場比賽的中繼或救援成功，除了身懷絕技之外，最重要的，是要有強烈守成的企圖心。

◆救援成功(Saves)

每場比賽**「中繼成功」的投手可能不只一位**，因為原則上只要**下場時**球隊仍然**保持平手或者領先**，也就是壘上跑者不足以**成為球隊的負擔**，那麼**中繼成功**就會成立。

然而，每場比賽**「救援成功」的投手卻只有一位**，也是最後一任投手。同時，該名投手上場時，若還有前任投手所留下的跑壘員（非責任失分），那麼還得遵守以下規則，才能有機會獲得一次救援成功。

舉例說明：球賽進行到第七局下半1出局滿壘，後攻的球隊以9:2暫時**領先k=7分**，此時距離比賽結束還有m=8個出局數，且對手攻佔滿壘n=3，所以**7≦8+3**符合後援投手登板「救援成功」的情境條件。那麼後攻的球隊**如果一直領先到9局結束**，則該救援投手就會獲得一次**救援成功**紀錄。

救援成功

1. 第六局以後球隊領先時上場投球，且至少讓一名打擊者或跑壘員出局，加上**比賽結束時，其球隊一直保持領先**。
2. (i)該投手上場時球隊領先k分，假設**還要經過m個出局數**才結束比賽，且壘包上還有前投手**留在壘包上的n個人**。

   (ii)承(i)，若 K≦m+n，且該名投手的失分**小於 k**。

不過筆者必須強調，因為職棒選手的分工很細，正常來說一場比賽不會讓中繼投手投到第九局，除非第六局開始中繼投手表現特別優異且大殺四方，基於球隊勝利考量，總教練才會同意讓他直接挑戰「**救援成功**」。

然而球隊的「救援成功王」又稱為**Closer「守護神」**，的確比起一般野手、中繼投手還更受球迷的喜愛。接著，我們來欣賞MLB史上最強守護神(Rivera, Hoffman, Smith, Papelbon, Valverde)的優異紀錄：除了他們的K9值都在8至10之間，ERA也維持在2.5至3.3左右，儼然就是超優質救援。

值得一提的是Hoffman, Smith因為他們的頂尖表現，所以獲選了多次明星賽。尤其是Rivera就有著史上最多的救援次數（650次）實力，因而拿過5次世界大賽冠軍，居功厥偉。

然而，even該投手符合救援條件領先時上場，卻造成球隊比分被追平甚至落後，這叫做「**救援失敗**」；而且**如果造成輸球的那一分屬於該投手的責失**，那麼他就會直接變成「**敗投**」。

救援弄到提油救火，自己受傷就算了，還把隊友的「勝投」搞丟。如果最後球隊也輸球，真的是情何以堪，裡外不是人！

位置擺對就是天才(Genius)，擺不對就成了環保被回收(Gargage)。都是G開頭，結果卻差很大。因此，中繼救援的「順序」也可能主導球隊成敗的關鍵。

◆逆風救援、轉危為安

「在這個世界上，最好的命並不是平步青雲、大富大貴，**而是遇到危難的時候，遇見貴人（恩師）**出來拯救你逢凶化吉。」這是筆者在唸師大研究所時，指導教育心理哲學的教授所說的一段開場。這個「貴人」彷彿是你人生的守護神，扮演救援成功的角色。同理，如果對手即將要把比分追近，而你奉命上場救援，那你如何「與隊友沉著應戰、展現眾志成城的氛圍，並將失分減至最低」，這就是球場上救援成功的守則。因為**逆境中守成求勝就是最無可挑剔的「救援」**。

還記得日本松下電器創辦人松下幸之助曾說：「因為我以前體弱多病，生活困頓潦倒，而且學歷是零」。這三項是造成人生悽慘不幸的原因，但卻成為松下企業後來救援成功的三元素。因為逆境中使人成長，順境容易墮落。

筆者印象中另一個「**危機處理**」的成功例子，2005年台中某便利商店貨架上，被人注入氰化物的罐裝飲料「蠻牛」，有民眾不慎誤飲，相繼引發中毒情形。**果決的是**，該公司在第一時間立即下架所有通路的該飲品，更同時將安全的飲品全數重新檢查並更新設計包裝、重新出發。

經過一段時間不到兩年的沉潛及韜光養晦，該公司相關產品不但已恢復當年營業額，而且更呈現逆勢成長，令人咋舌。該企業**不惜成本以最快的速度下架產品的積極處理態度**，安了國人的心，也使得他們的品牌在逆境中「**救援勝利**」。令人佩服，掌聲不斷。高中數學有一個**開口向下的拋物線圖形**，用來求**最大值**的二次函數，正以說明撐過短期必要的虧損，將換得未來長期的正向利潤。

再舉一個世界知名咖啡連鎖名店星巴克的案例，2018年兩名非裔男子因為未消費而借用廁所遭拒絕，對此疑似種族歧視一案，總公司迅速針對此案作處理，且八千間分店同時進行歇業一天並提供員工**反偏見訓練課程**，**重點是向那兩名男子公開道歉**。終於Starbucks順利走出這件事端的窘境，因為他們善用了這把「**在敗招中求勝**」的獨孤神劍：**道歉**。

二次函數

$$y=f(x)=ax^2+bx+c$$
$$=a(x-h)^2+k$$

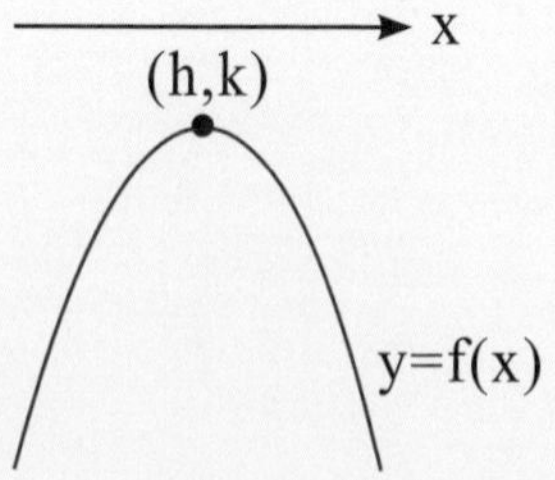

其中 $a<0$，且

當**時間** $x=h$ 時，

成本 y 有**最大值**為 k。

意思是說，當時間在 $x=h$ 之後

成本 y 會慢慢變小，**利潤會慢慢變大**；就長期來說，

暫時**成本的投入**及**犧牲**才是正確的抉擇。

筆者來介紹這把企業的道歉神劍九步驟與大家分享：

1.首先**誠懇**表示**錯在我方**。

2.明白表示**錯在哪裡**。

3.明白表示**為什麼會錯**。（**可能是誤會**）

4.再來表達**願意承擔過錯**。

5.明確表達**承擔的補償重點**。

6.明確表達**後續必要的補償修正**。（**或是如何避免誤會**）

7.最後**祈求**獲得對方的**原諒**。

8.所有文件公開透明備查，壹式**參份**。

9.**化危機為轉機**，與對方**尋求其他合作**的可能。

（參份指的是：甲、乙及第三方公證）

請參考下一頁彩蛋：「與棒球公式的經典對話」導覽圖。

洛言41

好好道歉不是一件丟臉的事，有可能因為這樣提高別人對你的認可，真正丟臉的是「不懂得如何道歉」。

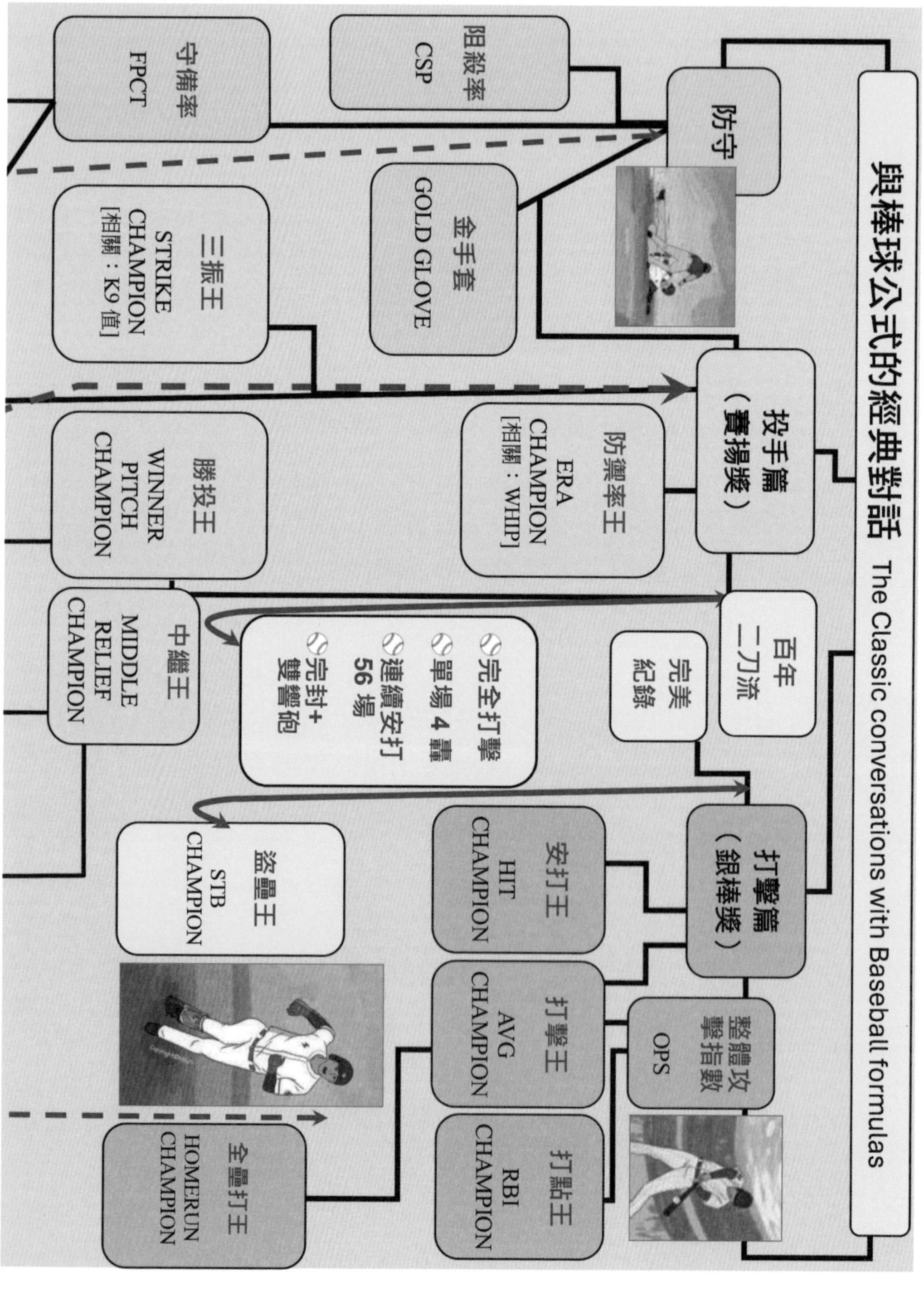

與棒球公式的經典對話
The Classic conversations with Baseball formulas
防守
阻殺率
CSP
守備率
FPCT
金手套
GOLD GLOVE
三振王
STRIKE CHAMPION
[相關：K9 值]
投手篇
（賽揚獎）
防禦率王
ERA CHAMPION
[相關：WHIP]
勝投王
WINNER PITCH CHAMPION
百年
二刀流
完美
紀錄
中繼王
MIDDLE RELIEF CHAMPION
完全打擊
單場 4 轟
連續安打 56 場
完封+雙響砲
打擊篇
（銀棒獎）
安打王
HIT CHAMPION
盜壘王
STB CHAMPION
整體攻擊指數
OPS
打擊王
AVG CHAMPION
打點王
RBI CHAMPION
全壘打王
HOMERUN CHAMPION

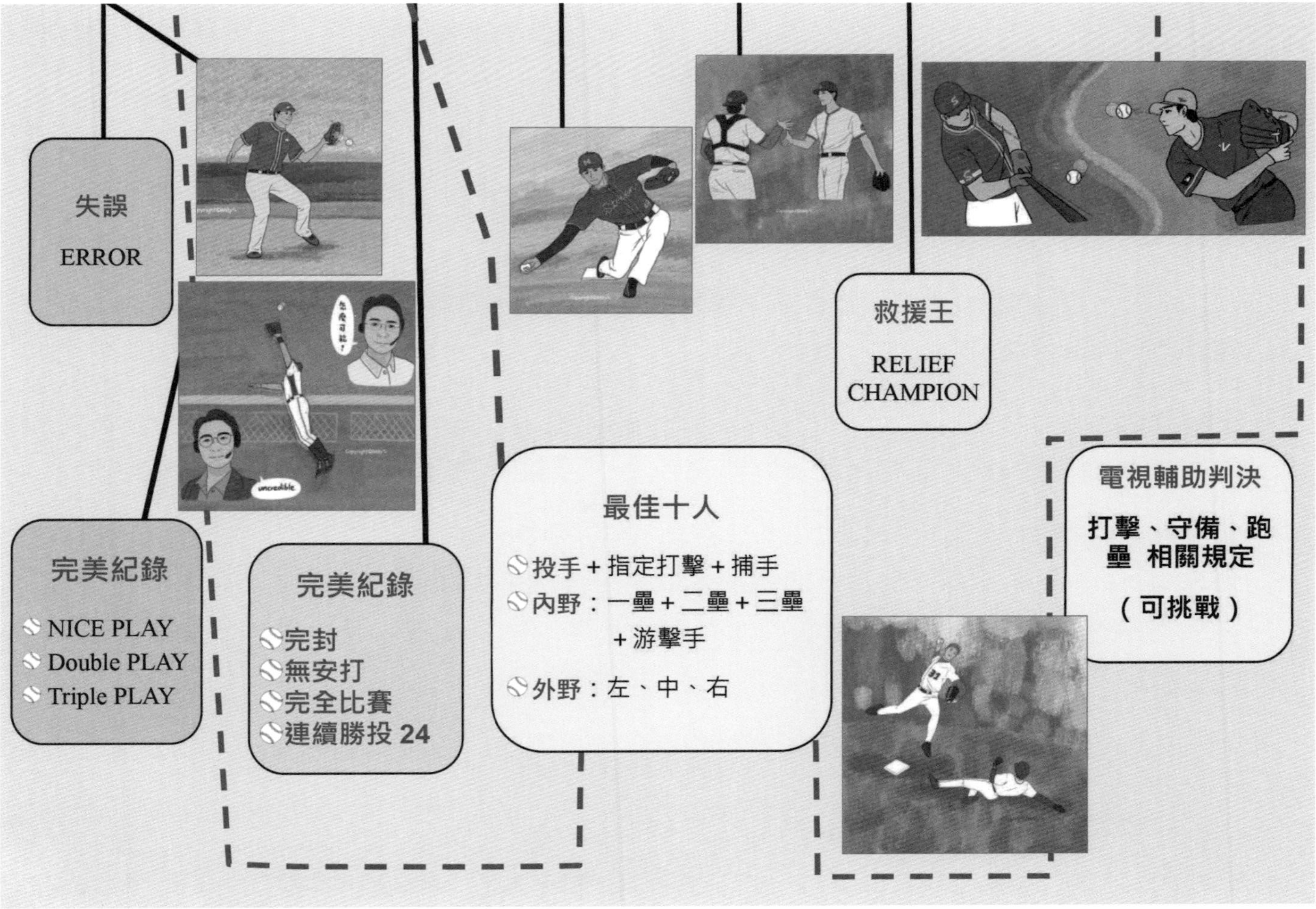

導覽圖。主架構設計：孫唯洺；畫圖：Mily。

對話 15

人生勝利方程式

For 生涯規劃

棒球的勝利方程式指的是球隊在進入比賽中後段且保持領先時，教練團會依序指派可以信賴的**特定（中繼、後援）投手組合**，來壓制對手打者的調度戰略，有些球隊是第6至7局一位中繼，接著第7至8局1至2位中繼，最後第8至9局再1至2位守護神後援。

能夠站穩日本職棒、MLB已經很厲害，更何況是必勝組合，想必是教練團倚重的定心丸。

像是日職2006年的歐力士猛牛隊，菊地原毅、加藤大輔、大久保勝信（至少60次救援成功），以上後援投手輝煌的戰力，幾乎可說是歐力士戰績提升的主要樞紐。

再來是MLB紐約洋基隊Betances、Miller、Chapman（至少300次救援成功），這個2016年第七局以後的洋基組合幾乎所向披靡。尤其是拿過冠軍賽MVP的Miller，還有入圍七次明星賽、史上最快速拿下第500K的Chapman，這樣一時之選的完美搭配，更是星光熠熠、傳為佳話。

說也奇怪，**先發投手**只要能夠撐到第六局領先時下場，遇到隊上擁有這樣的「**勝利方程式**」，根本就是高枕無憂。

另外，就**傳統打擊的棒次**來說：第一棒上壘率要高、第二棒試著推進、第三棒及第四棒要擊出安打或全壘打清光壘包，這樣偏日式的進攻模式早已深深的烙印在球迷的心中；然而，2015年後職業棒球尤其是MLB的打擊順序已經跟以前不同，正因為強力棒球的邏輯思維之故，對於前三棒的打擊表現的**優先重要性**已經超越「**要等到第四、五、六棒才能大鳴大放**」的順位。

主要是懂棒球的教練們相信「**把比較強悍的打者盡量擺在前面棒次**」可以增加他們打擊的次數，也增加打點甚至獲勝的機率。至於這樣做會不會造成雙殺的次數變多呢？其實是見仁見智，因為如果教練團**下達的打帶跑戰術**時機對的話，其實是比較有利的。

因此MLB認證超強的現役打者之一Trout，擁有生涯表現OPS=1、打擊率3成、上壘率4成2，以及入選MVP三次的傲人成績，他就曾在球季間**長期擔任第二棒**，並不是第四棒。

因為這樣的棒次安排如果**球隊勝率比較高**，那也是屬於另類的打擊「勝利方程式」。

洛言42

每個人都有屬於自己生活趨吉避凶的勝利模式，俗稱「經驗法則」。這樣其實不是肯定會成功，只是勝率比較高而已。

當投手身上賦予「七彩變化球」的必殺技時，
那麼三振的生殺主導權，就是投手本身；除了
捕手之外，其他隊友都可以躺著休息了。

真正厲害的後援投手，除了要有壓制力之外，
還要懂得跟野手產生良好的默契，
全力守住球隊的勝利。

◆學會認真過日子

你有在認真「過日子」嗎？遇到困難有學會用**備用方案逢凶化吉**嗎？

棒球比賽是這樣，每個人的日常更是如此。

在繁忙的生活節奏下，**一個人偶爾會忽略自己真正想要的是什麼，甚至忘了自己最初要達成的目標**，有時候甚至會禁不起誘惑，轉而盲目的追求其他事，忘了初衷。因此如果一直帶著「為別人而活」的心境在過日子，那麼絕大部分的時間與空間將都不屬於自己。所以如果你想要「好好做自己」，那就**別讓旁人所給予刻意的謾罵或者諷刺，成為禁錮自己的框架**。有時候你可能只是假裝自己很堅強，卻沒人發現你的脆弱。

困境來了，「來杯咖啡、洗個澡」學會放空自己；靈感到了，「寫下教訓、站起來」試著逆風開局、學會逆轉人生。其實筆者認為命運乖舛ㄔㄨㄢˇ不是一件壞事。

如果能試著與挫折共處，就長遠來看可能是件好事，因為在「蹲下」之後下次才可能跳得更高、更遠。誠懇面對困境，心境才有機會慢慢變好。如能順應情勢，就很有機會扭轉局勢。

請冷靜耐心等待，謹慎安排你的備案，穩住逆局。直到適當時機，推出你的「**必殺策略**」，迎接曙光來到。朋友別怕，想像我們就在你身旁陪伴著、直到天明。

黎明之前總是黑暗。所以要先學會享受寧靜與孤寂，因為「**沉默是金**」是鐵則，接著朝著太陽的方向前進，用樂觀積極的態度面對，讓影子就只會躲在你身後，因為「**幽默似鑽**」乃王道。

心境對了，「日子」才能順利的過；態度對了，「人生」才會過得有意義。人老並不可怕，可怕的是老的時候已茫然誤了人生，卻渾然不知。筆者欣賞電影「擺渡人」的對白：「十年太長，或許什麼都會改變；一輩子太短，也有可能一件事也做不好。」所以在**人生不同階段**就要做好「**生涯規劃暨備用方案**」，包括：**健康維持**、**親情養護**、**事業人際**、**財富累積以及愛情追求**，每個人價值觀不同，選擇順位也不同。有人在意事業的版圖與日俱增，忽略了親情該好好呵護；有人尋求愛情的落腳地、全心付出，卻大意將財富拱手讓人。

筆者認為如果當下是**心甘情願**的，其實無法衡量誰對誰錯。

健康就像棒球的**防守**一樣，別讓壞菌越雷池一步；**親情**則面對**教練**，需要溝通與感恩。**事業**需要對的人脈，就像**打擊**需要有好的落點；**財富**像**投手控球的多元變化**，賺錢來源跟球路一樣豐富；**愛情**的追求就像場邊**啦啦隊女神**/**男神**一般，可遇不可求。

其實人生有時候跟魔術一樣充滿了驚奇，記得有一部電影由Jackman與 Bale 兩位影帝主演的頂尖對決(The Prestige)，劇中所提到的魔術有三階段：「**以虛代實**」、「**偷天換日**」以及最後的「**化腐朽為神奇**」，這跟棒球比賽魔術般的投手調度有著異曲同工之妙。

筆者不禁想起不管是在CPB或者MLB都曾經討論運用過「**假先發調度**」，這是球隊在不得已的情況下，如果投手在安排上有捉襟見肘（有球員受傷或下3A、二軍等）情況，就會出現的一種**虛實難辨的調度模式**。

有時候球隊會讓**較強的後援投手先發1至2局先壓制前段棒次的打者**，而當**對方教練團**還在熟悉這名投手的球路時，球隊突然宣布更換投手，接著大家就會看到真正的先發投手慢慢走上投手丘，此時你會看到對方打者群開始傻眼；且這名先發投手也不用擔心當用球數過多，還得面對第3甚至第4輪對手打者「**已熟悉**」難纏的窘境，其實這樣效果也都不錯，偶爾會有贏球的機會。唯一要注意的是這名假先發的**後援投手**「**不能有一局爆**」的情形發生，否則球賽首局的勝負就已定調，那還玩什麼？

漢高祖劉邦曾說他所以能夠取得天下，主要是因為以下這三位重要人士：

如果就**運籌帷幄**，**決勝千里**來說，他比不上張良；

如果就**鎮守國家、安撫百姓**，**不斷供給軍糧**，他比不上蕭何；

如果就**率百萬之眾**，**戰必勝**，**攻必取**，他不如韓信。

《史記‧高祖本紀》

但重點是，**能夠同時駕馭這三位英雄豪傑之人，沒有人比得上劉邦吧！**

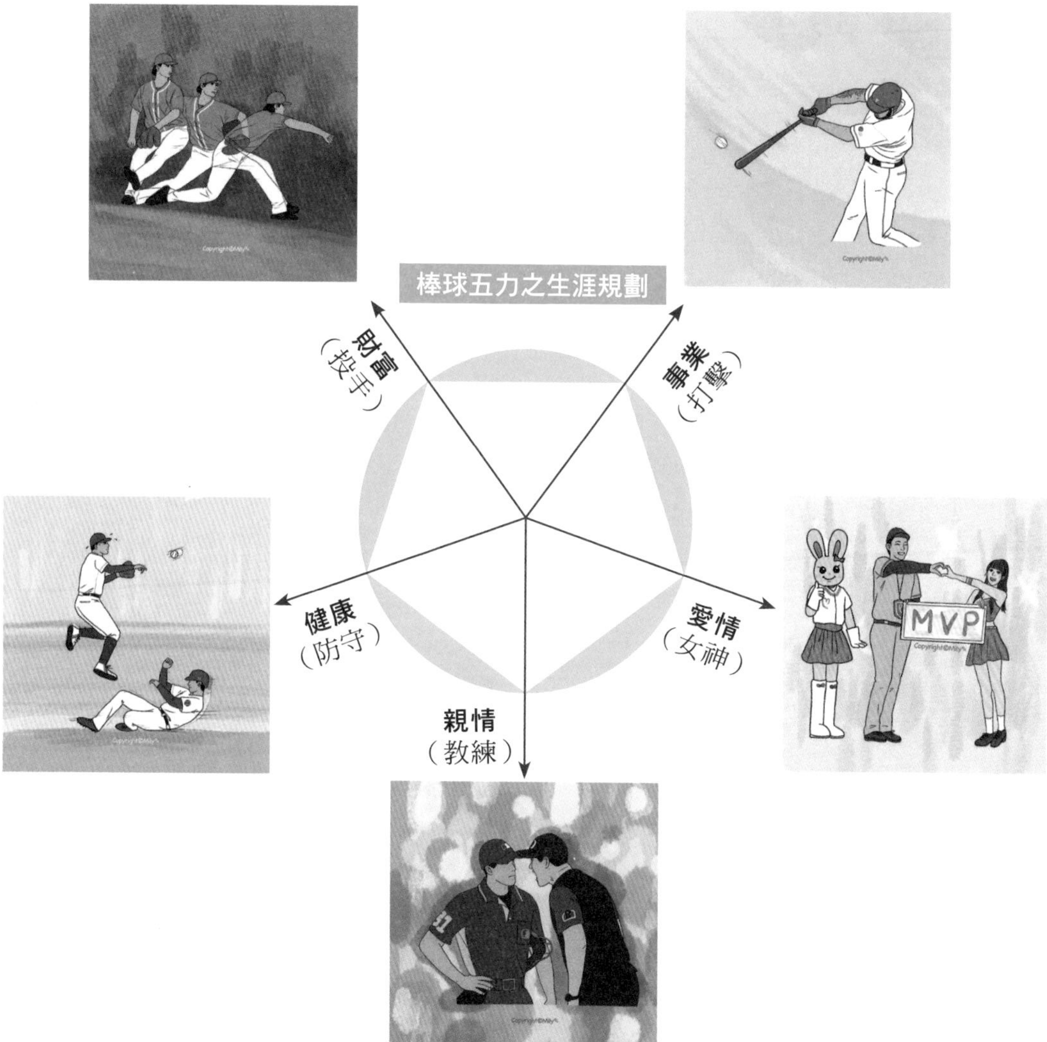

如果你了解棒球，就會明白**圖中這「五力」與生活息息相關**。

三張王牌

最後筆者提供**高中數學解題的三張王牌**：

第一是「**善用已知**」，因為題目的已知條件會透漏出解題玄機，善加利用就能曙光乍現。

第二是「**化繁為簡**」，將題目衍生的複雜式子加以簡化，稍加整理就能水到渠成。

第三是「**無中生有**」，這個必殺技需要天賦靈感，也有可能透過平日的訓練「十年磨一劍」，信手拈來，點石成金，堪稱數學解題的最高境界。

以上謹為升大學的莘莘學子打氣，這個應該也是另類考場上魔術化的「**勝利方程式**」吧 ！

參

防守篇

對話16 投手摯愛：Double play

MLB一場小熊隊在跟海盜隊的比賽，曾經創下**七次的雙殺**守備，幫助了小熊投手化解多次壘上有人的危機，結果小熊投手群愈投愈勇，穩住氣勢並拿下勝利；反觀海盜攻勢多次被腰斬，氣弱游絲，不敗也難。

所以能將對手「**雙殺**」，不但能**重挫對手**，還能進而**帶動本隊的進攻氣勢**。收到利益者除了球團本身、球迷之外，筆者認為最大受惠者就屬投手，因為**先發投手有機會拿勝投，且後援投手也可能救援成功**，ERA都會跟著下降，真可謂**投手群的最愛**。所謂的雙殺指的是在同一個打席中，打者的某個揮擊造成兩個出局數發生在敵隊的一種守備狀態。機會可能由本隊投手發動，也可能由某個內野手（含捕手）帶動，甚至外野手也是有可能；在正常狀況下「雙殺」極少數只靠自己一個人完成，幾乎得靠隊友的守備幫忙，甚至還要有奇蹟般的運氣護持。

以下為防守方守備（代號）說明：

球場上共9位守備選手，包含1個投手、1個捕手及7個野手，其中P為投手(1)、C捕手(2)、1B一壘手(3)、2B二壘手(4)、3B三壘手(5)、SS游擊手(6)、LF左外野手(7)、CF中外野手(8)、RF右外野手(9)。

狀況一：無人出局或者一人出局一壘有人，投手投出進壘點較低、不好打的球路，此時打者擊出內野滾地球，游擊手(6)接到這個強襲球轉身先傳向二壘，此時二壘手(4)接到後**先避開一壘跑向二壘的跑者，然後再騰空翻身將球傳向一壘手**(3)，完成6 => 4 => 3的雙殺守備(Double played) 。

說明：這個狀況也有可能是由三壘手(5)策動的雙殺：5 => 4 => 3，不過因距離可能稍遠，難度較高，因為由二壘手轉傳一壘的時機要掌握快一些才有機會。類似上述傳球方向的轟殺守備又名「**順向雙殺**」。

狀況二：無人出局或一人出局一壘有人、兩好一壞球數領先，投手(1)塞進一個由正中區域轉進內角下沉的伸卡球，此時打者擊出內野滾地球，一壘手(3)接到這個球轉身先傳二壘，二壘手(4)接到後再傳向一壘手(3)，完成4 => 3的「**順向雙殺**」。

說明：值得一提的是，那如果由一壘手接球後先自踩一壘包，然後將球傳往二壘，再由二壘手將跑向二壘的跑者觸殺（**因為此時強迫進壘的狀況已經解除，所以必須要觸殺跑者才行**），我們稱這個守備叫3 => 4 => 3的「**逆向雙殺**」。

守備狀態	順向雙殺[一]	順向雙殺[二]	逆向雙殺
傳球順序1	游擊手（三壘手）先傳二壘	一壘手先傳二壘	一壘手先踩一壘
傳球順序2	二壘手再傳一壘	二壘手再傳一壘	一壘手再傳二壘

狀況三：假設無人出局或一人出局一壘有人、兩好兩壞球數領先，投手(1)投出進壘點較外側，讓捕手較好掌握、不易受打者揮擊時影響的球路(pitch out)，此時打者已收到打帶跑必須揮擊的訊號，揮個大空棒（三振，strike out），此時捕手(2)接到球之後瞬間瞄準即將往二壘的跑者「**進壘靠近二壘包的位置**」，方便二壘手(4)將跑者觸殺出局(take out)，完成1 => 2 => 4的雙殺守備。……對話19

說明：因為「**打帶跑**」的關係，**球還沒有被擊出去，跑者就已經開始起跑**，打者也要配合揮棒掩護。但我們不難想像相對的，跑者同時也必需**觀察投手的習慣動作、或者牽制**，再由教練團下達戰術啟動。

雙殺守備的流暢性，
需要隊友長時間
不斷的練習，
培養出絕佳的默契，
不但讓「雙殺秀」搬上檯面，
也幫助球隊度過危機、
遇難呈祥。

31
Copyright©Mily
Double Played

還有一種叫做「**跑帶打**」，其實就是配合戰術的盜壘，打者是否揮棒還得要看好球還是壞球再做決定。

不過，重點是：**捕手的阻殺率以及投手的投球節奏**才是跑者是否挑戰盜壘的關鍵因素。

然而這個戰術最容易遇見的是兩好三壞，跑者直接向前推進的機率很高。

狀況四：無人出局或一人出局一、二壘有人，一好兩壞投手球數落後，投手投出一個由外角轉進好球帶、幅度很大的曲球，此時打者見機不可失順勢將球撈到深遠的右外野，右外野手(9)**跳起將球接殺(out)後，開始與二壘跑者比速度**。說時遲、那時快，右外野手一個雷射肩箭步將球射向三壘，結果球一個彈跳進到三壘手(5)手套中，順勢將即將滑進到三壘跑者的腳take out 在三壘之前，完成 9 => 5的雙殺守備。

說明：當然不只是回傳三壘，**也有可能一壘跑者來不及回壘**，被回傳球觸殺在一壘之前，完成 9 => 3的DB守備。另外一種常見的是**外野手將球回傳本壘**，將敵隊要挑戰高飛犧牲打的夢想幻滅，完成 (7, 8, 9) => 2的DB守備。

不過，話又說回來，有人說「**福無雙至、禍不單行**」。

請問棒球比賽攻擊方最慘的狀態是雙殺嗎？

正確答案：不是，是**三殺**。

詳解是：如果無人出局一、三壘有人，打者擊出內野強勁平飛球瞬間進到三壘手手套，此時三壘手將打者接殺出局後，先瞬移踩三壘包(5)，將回壘不及的三壘跑者轟殺出局；然後三壘手迅速再將球射向一壘(3)，瞬時回壘不及的一壘跑者也出局。守方完成 5 => 5 => 3 難能可貴的三殺守備。

Anyway，不管是雙殺還是三殺，團隊好壞都得由所有成員來承擔，防守方當然開心，因為心頭大患已消除；但是攻擊方可就災情慘重，氣勢陷入低迷。然筆者認為攻擊方應該要沉的住氣，因為防守方正在鬆懈啊！在對話17**安打總在雙殺後**，我們將探討人生中要用什麼心態來面對「**雙殺**」情境？敬請耐心期待「希望來敲門」，別放棄，好好珍惜人生。

洛言43

一開始狀況處理不好的事，別洩氣！就長遠來看這可能是好事，因為人性使然：「生於憂患，死於安樂。」

如果你對戰的球隊
有這種金手套
等級的好手，
那麼壘上有跑者的時候
千萬不要離壘太遠，因為稍微
一不留神、回壘不及，就等著被雙殺吧。

外野手臂力的POWER展現就是球迷最想看的「雷射肩VS跑者速度」之對決戲碼，百看不厭。MLB史上生涯完成最多雙殺的Speaker，不但擁有超過百次的外野雙殺守備，還得過美聯打擊王、全壘打王等殊榮，同時他也是史上最多支二壘安打的紀錄保持人。

對話 17

絕處逢生：安打總在雙殺後

For 緣分管理

筆者看MLB棒球比賽，總是有些感嘆與驚奇，**感嘆的是**支持的球隊打線總是一蹶不振，好不容易沒人出局打安打緊接著就是被對手雙殺，你是否跟我有同感，當球迷們還在討論剛才那球應該是觸擊會比較恰當的時候，更嘔且**驚奇的事發生了，緊接著下一棒竟然就打安打**。

這個時候主播與球評就會聊：「看吧，這就是棒球。」

*****

「九局下半兩出局一、二壘有人，防守方2:0領先，打者擊出一個三壘區偏外野的高飛球，瞬間三壘手與左外野手都衝出去接，但是兩人都差點接到……，這是界外球。震撼的來了，下一球，這顆小白球直接劃破長空飛到牆外，2:3X，比賽結束」

這也是棒球。

防守方球迷會嘆氣說：「剛才那個界外球如果有接到就好了！」但專家會表示「那是你們不懂棒球，這才是棒球令人心醉／碎之處」。

雖然我也是球迷，也曾經因比賽痛徹心扉，但球賽就是這樣。**該贏未贏而「輸球」的感覺**叫心碎，**不懂得輸球會難過的人就不會是球迷。**……**對話27**

可能昨天我的球隊沒有贏球，晚上會難過一下，但今天早上一覺醒來，還是會充滿期待去球場看球，希望我的球隊會有好的表現。正因為**每一場比賽都是全新的開始**，所有的驚奇一樣會讓人心醉。醉心於棒球「沒有早知道，更沒有後悔藥」。

棒球是如此，生命歷程也是。

*****

曾經以為日常遇到的「**雙殺**」就是世界末日，卻忘記那只是暫時的人生片段。筆者非常佩服金庸大師，他描述「人生多次逆境後會有曙光乍現」的功力，簡直無人能敵。

再說他的《倚天屠龍記》中殷梨亭（殷六俠）是張三丰的愛徒，曾經與峨嵋派紀曉芙有婚約，但紀曉芙卻對明教楊逍情有獨鍾，生下了女兒楊不悔。其實殷梨亭**人生前半

凡事要沉得住氣，不要因為分數落後、或者是被雙殺而放棄 ，因為當你屏氣凝神瞄準這顆球，它就會飛到沒有人接到的地方。

這樣已經夠慘了，禍不單行的是他還打不贏楊逍，後來甚至慘遭西域僧人「大力金剛指」修理成殘廢。

光陰似箭、日月如梭，二十年過去了，因緣際會下**楊不悔想要彌補母親的虧欠**去照顧殷梨亭，也幸好男一號張無忌幫忙殷六叔接好腿骨、慢慢復原，讓殷梨亭**人生後半**開始又有了新的指望。金庸劇情總會有驚喜，殷梨亭與楊不悔日久生情，雖然楊逍一開始極力反對，但最後也阻止不了這場傳奇姻緣、終成佳話。

*****

◆安打總在雙殺後

雖然一開始殷梨亭失去女友又變殘廢、慘遭**雙殺**，但是八局下半遇到楊不悔悉心照顧，**被保送上一壘**；後來遇到張無忌幫他治好腳，等同**隊友擊出長打將他送回本壘得分**。

天無絕人之路，這樣的劇本虧金庸想的出來。九局下半楊不悔不顧反對要跟老歐巴殷六俠結婚，殷梨亭不但娶得美嬌娘（等同**年輕的紀曉芙**），**獲得一出局滿壘、三壞球**；同時又繼承岳父楊逍的遺產，**擊出深遠清壘的二壘安打**，逆轉了戰局。**反觀楊逍死了老婆，不但女兒硬是要嫁給仇人，而且要給女兒的嫁妝也等同跟了殷梨亭。天啊，什麼世界！這不是三殺嗎……**

話又說回來，筆者還是要提醒諸位愛好棒球的朋友：「忍耐考驗、等待時機、體認合理的失敗」，這三個是**面對逆境**最重要的SOP流程。

所以《The man who would not be defeated》作者 W. Mitchell 就曾說：「It is not important what you met, but what you do about that.」

◆喜歡一個人無罪，但為何要受罪？

曾經有學生跟筆者聊天：「我可不可能讓一個討厭我的人喜歡上我？」

筆者：「不是不可能，但很難。」

學生問：「為什麼？」

筆者：「因為正常人很難為了別人假裝改變自己的三觀，就算改變了也只是短暫而已。」

洛言44

這位被火燒傷的殘疾男人Mitchell就曾說：
「你所遇到的事情本身可能不是最重要的，重要的是你如何去處理你所遇到的事情。」

「而且裝久了，會漸漸不像。」

「何苦又何必？你又無法好好做你自己。」

最後**委屈**也不見得能夠**求全**。筆者用**棒球**的說法就是：某位打者即便打擊率再怎麼優異，總有一兩位投手的球路打不好，甚至經常會被三振。簡單來說，**這名投手就是某位打者的剋星**。

同理，人一生總會有一兩位「**剋星**」，遇到時總是會讓你過得很不自在。筆者認為你們這輩子會再相遇，只因為此生「你欠他」的互動能量是存在的，所以你每見他一次，都是在還債；而隨著時間流逝，當你逐漸將能量「償還」時，你不自在的感覺就會慢慢減輕或消失，接著你們會分開就是遲早的事。這個就是「**緣分**」。但人是有感情的動物，有時**分離還是會有傷痛**，而隨著時間痛楚慢慢淡化，但**之後回憶起還是會思念，因為傷口雖癒合，但傷痕仍在**。

唐李商隱也說「相見時難別亦難，東風無力百花殘。」有時候要見一面的機會很難得，等到要分開的時機來了，就會依依不捨。就好像春天的光景已接近尾聲，盛景不再、令人感傷。

「緣分」就好像屬於人與人之間聯繫的一根木頭，**木燃緣起、木盡緣滅**。如果「強求」就像要繼續點燃灰燼一樣、徒勞無功，即便心碎也不會留下任何痕跡。所以屬於兩個人**彼此的互動能量如果慢慢消逝，就準備該分離了**，而這個分離就包括了「**生離死別**」。

在唐朝以**悼亡詩**見長、官拜宰相的元稹，在其悼念亡妻韋叢賢慧、卻惆悵無法一起享福，只能在充滿思念的三首詩中，空留遺恨。元稹在他另一首《離思》中的千古名句「曾經滄海難為水，除卻巫山不是雲」，讓大家見證了他堅貞不移、不可替代的愛情，因為見過滄海、巫山的雲這種大場面的人，再也不會留戀其他地方；同樣的道理，元稹除了太太再也沒有人可以吸引他了。重點是在下一句「取次花叢懶回顧、半為修道半緣君」讓筆者大開眼見，**明白渣男指數的最高境界**；因為元稹想刻意挑戰花叢「**脂粉堆**」，想藉此跟大家說他絲毫不受女色誘惑，**也懶得再回頭看這等嬌媚，因為他的修為已達仙界**，所以遠在天上的亡妻可以放心。意思就是說元稹下次去「**逛花叢**」時，週刊的狗仔們可以不用再跟監囉。

◆人際緣分之簡諧運動（S.H.M.in H.I.）

筆者教學多年，觀察學生來來去去，三年高中、四年大學，甚至兩年研究所、上班

對於那些不喜歡你的人，除了讓惡緣化解到此為止，更重要的是：想辦法振作讓自己變強，讓他們知道你的優異存在。

族，其心路歷程。你不一定要完全相信筆者以下所說的話，但請你自己用心去體會是否可從身邊的人身上得到以下印證：

你或許曾經**喜歡**過一個人，甚至**瘋狂快速**愛上這個人，但是直到有一天你不再那麼喜歡他／她，甚至有一點點、一絲絲、一丟丟**討厭**他／她的時候，你就會**逐步緩慢**離開他／她。

同樣的道理，反過來說也適用。

你或許曾經**討厭**過一個人，甚至**瘋狂快速**恨過這個人，但是直到有一天你不再那麼討厭他／她，甚至有一點點、一絲絲、一丟丟**喜歡**上他／她的時候，你也會**逐步緩慢**離開他／她。

你有發現嗎？從喜歡到討厭，或者從討厭到喜歡，**都是舊的能量結束、新的能量開始**，講白一點就是**緣分已盡**，**強求無用**。所以緣分開始的當下就該好好珍惜。如同一部陸劇電影《人生大事》經典台詞所言「擁有的時候不要去毀，失去的時候不要去悔」。

因為**毀的是你的人格**，**悔的是你的自信**。

筆者發現物理學有一個名稱叫做「簡諧運動」，恰好跟人際互動有很深的關聯性，筆者稱這個關聯性叫人際緣分之簡諧運動(Simple Harmonic Motion in Human Interation)，意義深遠。

說明

簡諧運動是一種圓周運動，如果能應用在人際緣分互動的延伸上，是最恰當不過了……。因為點在圓上移動代表「圓滿」，而圓周又名「**緣分周到**」：從能量出現「**開始靠近**」、到能量結束「**即將離開**」，之後又有新的緣分，周而復始……。

知名韓劇《淚之女王》有一段金句：「你在我危險時看著的人是她，而他正在看著我。你和他的差別就在這兒。」精準詮釋人際緣份錯綜複雜的始末；既感傷、亦美麗。

點在圓上**從開始靠近逆時針圓周旋轉**，此時開始討論所有的速率V在X軸上之**垂直投影**$|V\sin\theta|$，又稱為**喜歡上這個對象並向他／她靠近或離開的速率**。（本書不談速度，因為會有正負）

洛言45

如果有人是來報恩的就要懂得珍惜感恩；反之，如果是來報仇的也要認真虛心面對，唯有債務還清，才能輕鬆自在喔！

◆經典分析

1. 參考角 θ 代表與X軸正向的夾角，當 θ 為銳角遞增，$|V\sin\theta|$ 也是遞增，也就是從**右邊端點**出發到接近對象，速率愈來愈快，一直到碰到對象為止是速率最快的時候。
2. 承1.，假設喜歡這個對象，適用高速率向他靠近，**通過他本人**後會用漸漸變慢的速度離開他，直到**左邊端點**速率變成0。
3. 承2.，**因為喜歡想要靠近的時候，速率是加快的；想要離開時，速率是變慢的**，這真的是人性。因為他是來報恩的，既然還債漸漸結束當然就自在緩慢離去。
4. 承3.，**如果討厭必須靠近的時候，速率也是加快的；必須離開時，速率也是變慢的**。因為他是來報仇的，既然討債漸漸結束當然就解氣緩慢離去。
5. 承3.與4.，所有人事物的個案都適用，**個案能量運作一結束，緣分就算結束**，所以不會戀棧或懊悔，自然離開時速度會變慢，因為這就是人性；也唯有**隨順因緣**才是王道。

Simple Harmonic Motion in Human Interation

(人際緣分之簡諧運動)

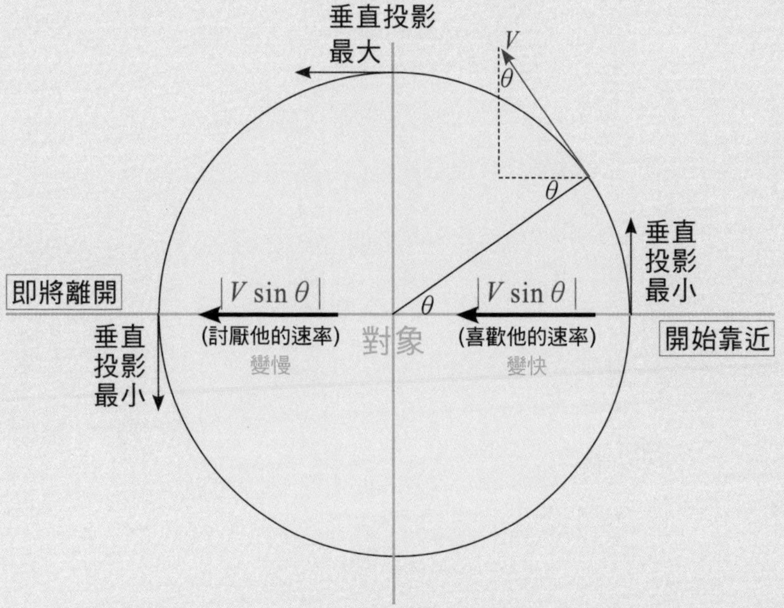

你或許曾經喜歡過一個人，甚至瘋狂快速愛上這個人，但直到有一天你不再那麼喜歡他／她，甚至有一點點、一絲絲討厭他／她的時候，你就會逐步緩慢離開他／她。

對話18 球員的夢魘：失誤and觸身球

四死率 BB/9

$$=\frac{\text{四死球次數}}{\text{投球局數}}\times 9$$

棒球場上球隊**最怕就是球員的失誤(Error)**，因為每一次失誤的殺傷力除了**至少送給對手一支安打**，還影響了球隊的氣勢，重要的是**這個失誤**對投手的傷害不僅僅是「被打安打」而已，而可能有「隊友都不挺我、為何一直出狀況」的心境出現。

◆野手的失誤

一場MLB的比賽水手隊在首局守備就發生五次失誤，讓對手這局一舉拿下六分，投手只好黯然下場。這跟有一次小熊隊防守**創下七次的雙殺**其投手們的心情，簡直是天壤之別。結果熊群投手**愈投愈好**，穩住氣勢、拿下勝利；反觀前段水手隊防守多次失誤，不但投手七竅生煙、球迷也肝腸寸斷，球隊不輸都很難。

其中Pfeffer至少15年內野的守備失誤，為MLB史上的排行黑榜。不過他喜歡去挑戰難接的球，致使常被聯盟判定**失誤**。重點是就**傷害程度**而言，內野的失誤頂多奉送一個壘包，但**外野手的失誤**可能就更嚴重了，因為至少會被搶走兩個壘包以上，相當於送給對手一支**長打（二壘安打以上）**，難怪球迷會抓狂。

F. Gore在他生涯年的**外野守備失誤**超過**300次**，這個紀錄也是**外野手史上**的失誤大黑榜。其實要不是Gore擁有3成以上打擊率以及近4成上壘率，教練團應該不會一直讓他守外野吧！

◆投手的失誤

一般來說，投手的失誤原則上有兩大類，**投手犯規**跟**四死球**。

第一：**投手犯規**(balk)=> 壘上跑者均向前推進一個壘包，如果當時壘上沒人，則僅記一個壞球。

第二：**投手四死球**(four dead ball)=>這是四壞球（含故意）及觸身球的綜合說法，此時打者獲得保送(BB, Base On Balls)到一壘。

姑且不論投手是否故意四壞球或觸身球，BB/9值代表一位投手控球的穩定度，其中**BB/9值愈小，代表他控球愈穩定。**

投手犯規

1.已經踏投手板之投手，做了投球的相關動作**卻停止投球**。

2.已經踏投手板之投手，假裝要傳球給壘包上有人的防守員**卻沒有傳球**，藉以混淆跑者。

3.已經踏投手板之投手，向某個壘傳球但**前腳卻沒有踏向該壘包方向**，藉以混淆跑者。

曾拿過勝投王還有世界大賽MVP的Stewart，他投手生涯至少有15次犯規（MLB史上最多），可見even他是頂尖高手，仍然逃不過投手犯規的宿命。

投手四死球

其中，BB/9 的意思是一位投手平均每9局所投出的四死球次數，公式如下：

$$BB/9 = \frac{\text{四死球次數}}{\text{投球局數}} \times 9$$

現在MLB史上BB/9最低紀錄是水手隊的Silva，他之前曾代表委內瑞拉參加WBC的比賽，他MLB的投手生涯**BB/9值低於0.5**，至今無人能敵。

◆三振／四壞比（SO/BB）

綜合以上結論，如果一位投手控球穩定度愈高**(BB/9值小)**，相對的**他將對手三振的比率也會比較高**，因為剩下的比率不是滾飛球或被安打，就是三振對手。來自日本的旅美名將達比修有靠著他的七彩變化球拿到接近4的**三振／四壞比**，所以他可以拿下勝投王，絕非浪得虛名。

另外，拿過兩次三振王的紅襪隊Schilling，就有著**史上最強超過4的三振／四壞比**。

各位愛好棒球的同好，你們可以想像一位投手每投出4次三振還出現不了1次四死球保送，可見Schilling攻擊**好球帶**並**將打者三振**的企圖心有多強。特別的是，他是少數可以同時拿過美聯與國聯的勝投王的投手，生涯累積勝投超過200勝，足以證明他就是**真正讓「防守省力」**的王者。

洛言46

成為一個球隊信賴的王牌投手，必須要穩定自己的控球，相對的這樣隊友在防守上才不會增加無形的壓力。

如果投手的投球內容品質不好，像是「四壞球」甚至是「暴投」，那麼接下來若是對手用安打繼續在球隊傷口上撒鹽，後果就會不堪設想。

然而三振次數多的投手，不見得穩定度就好，像是擁有史上最多三振的Ryan，四壞球保送也高居MLB史上第一。主要是堆疊太多**壘包**給對手，會使得自己球隊防守相當費力。

◆被四死球的打者

相對的，被四壞／觸身球保送的**打者**有哪些特色呢？

第一、**選球能力很好**，包括邊邊角角的壞球大部分都會被他刪選掉。

第二、**是個強力打者**，投手寧願故意保送他而不給打擊的機會。

像是巨人隊 Bonds，擁有大聯盟史上唯一 700轟、500盜的球員，任是哪個投手面對他都會懼怕三分，所以他也獲得**史上單季最多「故意四壞球保送」**。

太空人的二壘手Biggio，擁有生涯3000支安打、400盜的傲人成績，所以在他20年的球季中會被觸身球(HBP, Hit By Pitch)的次數成為史上前三，絕對不是意外。

****

任何球隊的失誤，不管是發生在投手還是野手，都足以對球隊造成傷害。但是，沒有

如果你被故意觸身球打到，只有三種可能，第一是你的選球能力很好，第二是你的打擊能力太強，第三就是你挑釁投手。

失誤過的球隊，怎會知道失誤為何物、要如何面對？**聰明的總教練會用球員的小失誤，去訓練、防止他將來更大的失誤！**

筆者非常欣賞一部2023年台劇《八尺門的辯護人》，其中經典台詞發人深省：「不殺，就不能阻止繼續殺；如果必須要殺，那就要殺死在最好的時刻。」劇中法務部長以殺阻殺，儘管執意「死刑誤判」、視人命為草芥，但他們已達到政治目的，結局令人錯愕，停留在無意義的殺戮。

拿破崙曾說：「不會從失誤中找尋教訓的人，他們的成功之路是遙遠的。」因此逐步學習讓自己在失誤當中成長，避免失誤後的心理障礙，進而影響後續的表現，這點很重要。

曾經以為各領域的頂尖高手都不會失誤，後來才發現「不幸溺水的人，大部分是會游泳的；發生山難的人，多數是登山的熟客」。許多賽跑的人失敗，都是失敗在最後幾步，只因為自負、驕傲。2023年杭州亞運滑輪比賽南韓選手就是終點前太過大意提早慶祝，卻沒發現中華隊不知不覺衝上來伸出左腳衝線，以0.01秒拿走冠軍。

洺言47

「失誤」它本身不是最重要的，重要的是：如何面對失誤之後，讓它成為正向能量、逆轉情勢。

「失誤」如果發生在關鍵時刻，甚至出現在對手壘上的人較多時，那麼在投手與球迷心中就有如撕裂般的痛，這個傷口需要時間才能慢慢癒合，包括球員自己本身。

對話19

速度與臂力的對決：盜壘VS阻殺

阻殺率CSP= 阻殺成功次數／盜壘次數

「一好兩壞球，一壘的跑者蠢蠢欲動，投手不斷的將眼神瞥向跑者、頻頻向一壘牽制。」

「SAFE，一壘審雙手水平一攤。」

「投手對跑者還是不放心，這一球投出……偏外側了、壞球，一好三壞。」

「跑者好像又離壘有一段距離了……」

「投手按捺不住心中不安的靈魂，又牽制一次。」

「跑者再度離壘，投手這一球投出，一壘跑者已經朝二壘狂奔。」

「說時遲那時快，**就在半秒前捕手已將小白球射向二壘**，此時二壘手的手套也已經在接近壘包的位置等候。」

「這個時候跑者的腳幾乎跟小白球同時到達二壘，但二壘手的手套卻**硬是早個0.1秒touch在跑者的小腿上**。」

「二壘審高舉右手判跑者出局out。」

「此時捕手振臂吶喊，投手也向二壘手拍手套致意。」

「二壘現場只看到跑者離開時的沮喪，與捕手的歡呼呈現極大反差。」

*****

這麼精采「跑者想要挑戰捕手臂力」的好戲，還真的在比賽的過程中經常上演。值得一提到底是**捕手「阻殺率高」**？抑或是**跑者「盜壘成功次數多」**？或許是各領風騷吧！

◆捕手的阻殺率(CSP：Caught Stealing Percentage)

筆者推薦五位頂級捕手(Hartnett, Perez, Molina, Posey, Realmuto)，生涯阻殺率都有4成以

上，尤其是Hartnett他的阻殺率超過5成，換句話說**平均每30個跑者盜壘，就有15人以上被阻殺**，嚇阻力相當驚人。

這五位生涯的**長打率也都超過4成**，代表一個頂尖捕手的打擊臂力也是相當了得。

曾經拿過世大賽冠軍的Posey，擁有3成打擊率，「**職棒比賽嚴禁跑者在本壘衝撞**」的波西條款，就是因他而生。但更可怕的是Perez擁有200支以上全壘打，且**阻殺率高達4成5**以上，堪稱全能性的球員。

＊＊＊＊＊

正因如此，身為一位捕手，他是全隊球員中**最接近打者及裁判的防守員**，所以他可以將打者的揮擊習性以及裁判的好球帶回饋給投手，進而掌握全局。

同時，捕手強悍的**阻殺成功率**會為投手及球隊帶來好的氣勢，所以說他是球隊的**第二顆大腦**，一點也不為過。

洛言48

捕手是球隊轉達教練訊息的靈魂，也是球隊向投手及野手「下戰術」的重要橋梁。

◆盜壘王的展現

身為MLB速度不差的跑者從一壘跑上二壘、或者二壘跑上三壘大概需要3.2秒，但如果是**想要盜壘成功者則必須跑出3.0秒**，因此野手接傳所花的時間就要低於這個標準，才會有勝算。

筆者推薦的五位頂級盜壘王(Handerson, Brock, Cobb, Collins, Wagner)盜壘次數都超過700次，且同時進入名人堂。尤其是Cobb生涯安打累積超過4000支，代表一個**頂尖盜壘王大部分都是靠安打上壘**，絲毫不含糊。

有感有發，筆者引用《八尺門的辯護人》金句：「只有弱者才靠運氣，我們靠的是實力。」

特別的是：Collins及Wagner的OPS（攻擊指數）還都超過0.85，他們**不但跑得快、power又夠**，這才是真的令人敬畏。這也是「強力棒球」power baseball 速度與力量的展現。

洛言49

當你的球隊具備了優質「速度」，就彷彿生物同時有了陽光、空氣、水，充滿了生命力。

電影《功夫》火雲邪神曾說：「天下武功無堅不摧，唯快不破」。棒球比賽也是如此。投手球速夠快、野手雷射肩夠勁，盜壘王的跑壘速度更是嚇得驚人。

Copyright©Mily

從捕手接到球的那一瞬間開始算起，再將球傳到二壘被野手接住的時間(pop time)， 目前能夠投出1.8秒的已經是頂尖捕手 。

對話20 金手套：Nice play

$$\text{守備率FPCT} = \frac{\text{刺殺}+\text{助殺}}{\text{守備次數}}$$

金手套獎(The Gold Glove Award)為MLB守備的年度獎項之一（日本、韓國、台灣都有），總共區分為九個位置，分別為投手P、捕手C、一壘手1B、二壘手2B、三壘手3B、游擊手SS與外野手（右外野RF、中外野CF以及左外野LF共三位），用來獎賞鼓勵該年度防守表現最優的球員。

MLB金手套得主為75%由各隊教練和經理人進行交叉投票，另外25%則由統計呈現的數據進行排名，最後再經由加權產生。

有鑑於此，有兩樣表現是值得**準金手套選手**努力的：第一個是數據統計：**守備率**(FPCT：Fielding Percentage)，**不但需要天助、自助也要人助**，因為公式的分子就包括**刺殺＋助殺**，換言之守備率高的選手不是只要顧好自己的守備就好，還需要你的隊友配合協助去阻止敵方的攻城掠地。

第二個就是球季比賽過程中各隊教練及經理人目睹的Nice Play（**美技守備**），意思是：防守員運用各種方式（疾行飛撲、warning track前騰空接殺、外野手長傳阻殺、內野手高難度行進間傳球），使得打者原本極有可能形成安打的球，因為防守員的精采守備而出局。

◆接近完美的守備率

職棒選手要在單季守備率拿到0.98是不難的，但是如果是10年以上甚至是20年的**職業生涯**能有0.975守備率就很難了。

像是馬林魚隊的Polanco不但拿過**2次金手套**，而且他還拿過**冠軍賽的MVP**。因為他**守打俱佳**，就連打擊率**都接近3成**，能獲銀棒獎實至名歸。

再來，教士隊的Garvey在他的生涯**內野守備率**竟然能挑戰天花板0.988，筆者只能說他對個人自我要求甚高，**生涯拿過4次金手套完全不意外**，更重要的是他的優異防守幫助球隊拿過**世界大賽冠軍**，表現令人驚嘆。

洛言50

要成為一個頂尖的職棒選手，必須要同時提升自己在打擊與守備的球技，才能站穩球場這個舞台。

再來看外野手的表現，水手隊Griffey在他生涯**外野守備率**也是保持有0.99的傲人成績，特別的是他與父親是MLB史上極少數**同時具有優質的長打與守備能力的父子檔**。Griffey生涯拿過10次金手套絕非浪得虛名，重點是他還曾獲**全壘打王**以及最後入選**名人堂**，果真眾望所歸。

◆金手套評選的標準

從亞洲的職棒來看，目前NPB（日本職棒）拿過最多金手套的是板急勇士隊外野手福本豐，他生涯**拿過12次金手套**。然而，正因為他的速度及反應夠快，也獲得過**多次的盜壘王**。另一位是東洋鯉魚隊內野手菊池涼介，他曾經**金手套十連霸**，尤其是他的**犧牲觸擊成功次數**也經常在聯盟球季是最多的。此外，CPB（中華職棒）拿過最多金手套的是富邦金控隊的游擊手王勝偉共9次，也曾獲得過盜壘王還有最佳十人。

不過，要評估一位野手的守備是否優質到可以拿**金手套獎**(The Gold Glove Award)，光看守備率不足以判斷，主要是有些環節無法考慮到。因為守備率**只能從失誤**的這個數字看出守備的穩定性而已，卻無法將野手所遇見之其他狀況同時一起考慮，比如說：

1.守備範圍的大小。
2.守備位置的轉換。
3.傳球臂力的強弱。
4.策動雙殺守備的能力。
5.高難度的Nice play。

於是MLB使用了Lichtman所研發的UZR(Ultimate Zone Rating)這項守備進階數據計算系統，來輔助票選「防守」最厲害的金手套獎得主，讓得獎的「含金量」更具代表性。

美國大聯盟生涯能拿下10座金手套的球員，都是**地表上最頂尖的防守員，據統計史上只有十幾位選手**達成這項非凡的任務。

筆者僅推薦七位神級金手套（Maddux投手、Katt投手、Robinson三壘、Smith游擊、Bench捕手、Mays外野、Ichiro外野）其中有2位投手、5位野手，而Ichiro是10連霸，Robinson則是16連霸。兩位投手盟主三振次數的年均都至少有130次，尤其是Maddux還維持低防禦率3，難怪他能拿賽揚獎。五位野手盟主的上壘率OBP都維持在3成7以上，防守優質的野手得獎者**對自我的打擊要求**，超乎你我所想像。兩位外野手金手套得主Ichiro也拿下打擊王2次，更可怕的是Mays這位強力防守員的OPS竟還接近1，令人嘖嘖稱奇。

「金手套」得主不是與生俱來的能力，他們必須忍受烈日寒冬的考驗、與隊友不斷的練習，以及自我要求特別的訓練，才有機會脫穎而出。

◆金手套背後要付出的代價

有著「人類吸塵器」稱號的金鶯隊的三壘手Robinson就曾說：「如果你不去練習，而其他人卻在某個地方勤加磨練，那他就會準備接管你的工作（位置）。」

有著**金手套10連霸**的Ichiro，當大家都對他的表現給予至高「天才」的評價，甚至認為亞洲人根本做不到。而Ichiro卻說：「假如經過努力之後完成目標的人被稱為天才，我想我就是。」

筆者認為「讓苦練成為一種習慣」已經成為金手套得主心中的口頭禪，此時不禁想起唐朝古文運動領袖柳宗元的名作〈江雪〉：「千山鳥飛絕，萬徑人蹤滅。孤舟蓑笠翁，獨釣寒江雪。」

由此靈感筆者形容大聯盟防守最頂尖的金手套得主，得一直忍受：「練習時連寵物都覺得你無趣，知己好友也認為你很無聊」的尷尬，然後獨自跑去面對「挑燈夜戰、眾人皆睡我獨醒」的孤寂。

洛言51

獨自面對苦練的意境就是獨釣寒江「雪」，因為有著極少人才能駕馭的冷，所以我們才會說「高處不勝寒」。

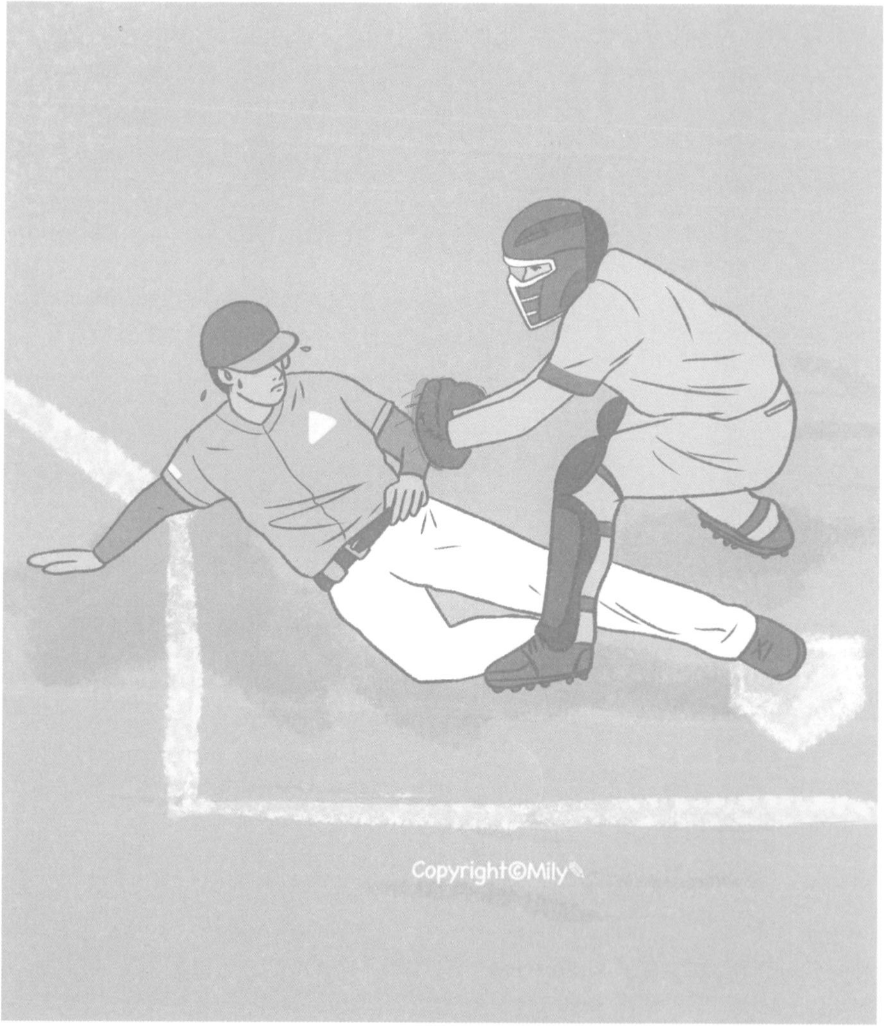

「金手套」是頂尖防守的代名詞，關鍵時刻等同沒收對手一支安打、甚至是一分，所以才會有專家說：「防守是最好的攻擊」。

當你覺得職棒選手的「Nice Play」是不可思議的事，那是因為正常人辦不到，否則我們就不用把金手套頒給「神」了。

對話 21

難得一身好本領 最佳十人：天生英雄命

For 人才培訓

2015年**第一屆世界棒球錦標賽12強**中華對古巴，進行到六局上半的比賽兩隊打成平手。六局下半中華隊進攻，張進德安打上二壘，王柏融也安打形成一、三壘有人，二人出局。因為古巴考慮郭嚴文首局有安打所以故意四壞球保送，中華隊滿壘，但可惜的是林智勝被三振出局，中華隊扼腕留下殘壘。八局下半輪到中華隊進攻，首位打者王柏融獲得保送，陽岱鋼犧牲觸擊成功，一出局二壘有人，此時古巴總教練Mesa面臨抉擇，想起第六局策略性保送郭嚴文且三振林智勝的成功案例，且林智勝**前4次打擊**沒有建樹，分別是接殺、三振、接殺與三振，於是Mesa授意再次保送郭嚴文，然後跟投手指示好好處理林智勝就好。此時「一好兩壞，投手投出第四球」，但這球有點失投，剛好是掉在打者腰帶上方蠻甜的一顆變化球，**林智勝見機不可失順勢將小白球射向左外野全壘打牆外**，形成一支**超前比數的三分砲4:1**，也直接將古巴投手打退場。

終場中華隊就以4:1擊敗古巴，勝利打點是林智勝，他也是這場比賽的最有價值球員(MVP)。林智勝20年職棒生涯的**打擊率超過三成**，曾拿過八次最佳十人獎，及一次金手套；特別的是2021年CPB職棒賽又在洲際球場轟出超前分的全壘打，幫助球隊打進季後賽，果然是十足的「英雄命」。

直到2023年為止，他已經打破張泰山的障礙，並**累積超過300支全壘打**，成為最新的中華職棒新任全壘打王。

*****

要成為「**天生的英雄命**」，絕非一朝一夕可養成，除了本身實力夠堅強之外，還得「天時、地利」的好運勢搭配，因為任誰也料想不到為何你的前一棒恰好被保送，**剛好讓你有機會站上打擊區，轟出致勝關鍵的安打或全壘打**。還有，為何球隊落後時本隊其他投手上場，隊友的火力都不支援；就你上場投球時隊友就會火力全開，讓你拿個「救援勝利」，果真是老天爺眷顧啊！

嘆……**有人苦幹實幹但最後功勞卻總是被別人拿走**，實非人所能控制。

這就是棒球，跟命運的造化一樣。

宋朝宰相呂蒙就在《破窯賦》說：「天有不測風雲，人有旦夕禍福。馬有千里之行，無人不能自往；**人有沖天之志，非運不能自通**。天不得時，三光失曜，地不得時，草木不生，人不得時，運道不通。」

所以，有人天資聰穎卻懷才不遇，滿腹經綸卻有志難伸之嘆。才高八斗的北宋大文豪蘇軾，曾紅極一時官拜省長及內閣部長等顯赫經歷，但卻**因堅持己見及不隨波逐流的個性**，使他一路從湖北被貶到廣東，然後再貶遠到那個鳥不生蛋的海南島，最後雖盟聖恩赦回，但不久就病死了。

官拜清朝直隸、兩江總督的曾國藩在30歲之前名不見經傳，自從遇見恩師穆彰阿之後便平步青雲，憑著他**深諳著眼大局、懂得忍讓取捨的個性**，讓他多次化險為夷、吉人天相，是少數清朝歷史中升遷快速的政治軍事家。筆者很欣賞曾國藩的某一段家訓，用來惕勵學生還有自己：

「福不可享盡，勢不可用盡；盛時常做衰時想，上場當念下場時。」

◆第八、九局的英雄 Judge SHOW

紐約洋基隊的Judge，MLB才八個球季就擁有超過220支全壘打，以及500分打點的傲人成績，同時他也拿過**打點王及MVP**。

Judge**在第8局後以後的比賽曾經有多次打出反超安打**，追平了Nettles創下的紀錄，**成為洋基球員單季最多安打逆轉的英雄**，並守住球隊的勝利。

洛言52

培養好實力並學習「逆境逢生的個性」，等待下次當英雄的機會。

Judge的精彩表現讓我回憶起金庸的《神鵰俠侶》、《笑傲江湖》中獨孤求敗所創的「獨孤九劍」，重點是**以無招勝有招**，打敗絕大多數天下各路英雄。該劍法的**核心價值在於一眼必須洞察出對手招式中的破綻**，並**在最關鍵的空檔出手讓對手措手不及，以最少的招式後發先至**，且在最後關頭逆轉克敵制勝。

再回到《笑傲江湖》的令狐沖，華山派劍宗風清揚傳授他獨孤九劍時，只教會了前八式，到了第九式「破氣式」時，風清揚只提供了速記口訣，卻沒有修煉法門。因為「破氣式」主要為在對決有上乘內功的頂尖高手而用，所以必須**擺脫前八式劍法的招式框架，才有機會展現第九式的真正威力**。

這就是為什麼要成為企業甚至是國家領導人，最好是**性質相異**的部門都能經歷，甚至層級不同的職務也都能承擔，因為**資歷完整原則**能讓領導用不同的框架思維，帶領團隊更上層樓。

話說天下武功**無堅不摧，唯快不破**。熟悉葵花寶典的東方不敗出手疾如飆風、快如閃電，加上**令狐沖還未能將獨孤九劍的前八式融會貫通**，因此他與東方不敗一戰，讓他始終遭受壓制也是意料中事。

Copyright©Mily

到底是你把對手三振？
抑或是對手把你的球打到全壘打牆外？
那就看誰有「英雄命」，獨領風騷、笑到最後。

或許你跟我一樣，想知道風清揚與東方不敗的對決戲碼。是的，**筆者找遍了《笑傲江湖》，卻找不到這場戲**。到底是金庸忘了寫，還是他自己也不知道呢？

筆者後來想通了。因為風清揚曾對令狐沖說：「我本在這後山居住已經數十年，日前一時心喜來傳授了你這套劍法，只盼獨孤前輩的絕世武功不遭滅絕而已。」其實金庸的絕妙安排是**風清揚已經歸隱山林，不問世事**。難怪書中沒有這場頂尖對決。筆者只見風老前輩背後的身影：「山水我獨行，不必相送」，這畫面真的帥！

但如果你真的想知道兩人狹路相逢、精彩的對峙play，個人倒是有一些見解，供各位金庸癡或者球迷參考，不吝指教。

◆風清揚與東方不敗的對決戲碼

若是東方不敗夠快、夠強可以在**三招之內**將風清揚擊垮，結局當然沒問題，東風不敗依舊無敵；但若是東風不敗無法在三招之內收拾掉風帥，**那三招之後東風不敗招式中的破綻就會被察覺**，緊接著風帥就會在最樞紐的空檔出手打得東方不敗猝不及防、節節敗退，所以應該在後段比賽風帥就會取得優勢、逆轉戰局。

◆展現獨孤九劍逆轉的伊凡朗格

曾經拿下大聯盟**銀棒獎**以及**金手套**的光芒隊Longoria，聯盟外卡的資格賽，八局上打完，光芒以大比分落後洋基，八局下光芒打線復甦，Longoria更是開轟將比數追成落後一分，九局下半驚險追平比數。來到延長賽第12局，他**挑中一顆正中微甜的速球，順勢將球射向左外野觀眾席**，哇嗚！這是驚天一擊的再見轟！光芒神奇似的搶下了外卡完全是拜他所賜。他的功力相當就是金庸筆下的風清揚，只要有機會讓他追平，一旦拉長戰線，局勢就可能被朗格翻盤扭轉。

◆最佳十人的經典組合

依照CPB的規定，最佳九人暨最佳指定打擊獎是由資深體育記者所票選產生，用來表揚例行賽表現優秀的球員，各個位置的獎項**票選標準**皆有場次限制。特別的是2016年林泓育同時獲選最佳捕手及最佳指定打擊，為中職史上**唯一同一年獲得兩個獎項的最佳十人**。

除了「**重砲司令**」林泓育獲得過8次最佳十人之外，「**二壘手魔術師**」黃忠義也有9次紀錄，然而重點是「**森林王子**」張泰山，在三壘手得過8次加上最佳指定打擊(DH)2次，共計10次是CPB的紀錄。

至於NPB也是由採訪滿五年以上的資深記者進行票選。然而日本職棒就曾經根據過去頒發過近70次的最佳九人得獎名單當中，**選出各個守備位置得獎次數最多的選手，意思是將跨世代的武林盟主聯手組成一支攻擊與防守兼具、最夢幻無敵的棒球艦隊**。

一壘手：王貞治　二壘手：千葉茂、高木守道　投手：別所毅彥　捕手：野村克也

三壘手：長島茂雄　游擊手：吉田義男　外野手：張本勳、山內一宏、福本豐

其中王貞治、長島以及野村都拿**超過17次以上**的最佳十人，嘆為觀止。

直到2016年，火腿鬥士隊的二刀流球員大谷翔平同時獲選為投手與指定打擊獎項，也是該獎項自NPB設立以來，首度出現球員在單季獲得2座「攻與守」獎項的殊榮。

◆人才培訓的重要性

其實MLB並沒有最佳十人獎，但1980年後有設立各位置打擊表現最優球員的銀棒獎。其中OPS 1.0的天使隊Mike Trout與OPS 0.8的紅人隊Larkin皆有9座銀棒獎的表現，僅次於巨人隊Bonds之12座超水準演出。感受得出來**美國大聯盟銀棒獎的特質，與長打能力有很大的關聯性**。

江山代有才人出，一代新人換舊人。世界各國的職棒場域都一樣，需要前後世代專業技術的傳承，比賽的精采程度才會歷久不衰。

因此**給退役的選手延續專長培訓**顯得相當重要。《尚書》有云：「惟殷先人，有冊有典」，主要的意思是說，前輩所記錄下來的優質經驗要好好運用並發揚光大。

同理，企業應該思考如何培養員工的新技能，且讓團隊的能力整個提升，因為**只有整體能力upgrade，才是真正的正向轉型**。

如果只靠著一兩位「英雄」硬撐出來曇花一現的光景，其實對企業成效而言**並不會因此而有效改變**。身為球隊的經營者、總教練，相信觀念也應該是這樣。

像是NPB幾位劃時代的巨星王貞治、長島以及野村、吉田義男都能夠分別**將他們所學傳承給晚生後輩**長達一、二十年，實屬不易。

美食也是一樣，曾獲時代雜誌讚譽「印度洋上最偉大廚師」的米其林主廚江振誠，強調他擁有熱情，不論在擺盤配色、烹調溫度以及建議入口時間等，他都用心做足了功課。他還謙虛表示「一家好的餐廳絕對不是因為一個主廚，而是整個團隊。」重點是江振誠還能夠整合來自不同國家的廚師，並做好技術傳承，令人佩服。

頂尖米其林餐廳是這樣，歷史上的政治接班也是如此。

洛言53

日本戰國時代豐臣秀吉就是沒能謹慎處理好接班人的事，才會讓德川家康把握良機逆轉翻盤，建立超過250年的江戶幕府輝煌時代。

在棒球世界的「武俠人生」其實是相當戲劇性的，尤其頂尖高手對決的戲碼更是有著吸引人的魔力，因為都是精銳盡出，全力以赴，不曾看到有人放棄。

Copyright©Mily

肆

裁判、教練篇

對話22

好球帶：投打心情的美麗與哀愁

「咦……這球進壘應該有在**好球帶邊線內**啊，怎麼會判壞球？」

投手心理犯嘀咕，還兩手一攤向主審釋出無奈的眼神，此時主審由本壘向投手方向**比了「警告一次」的手勢**，說時遲、那時快，守方教練迅速向前擋住投手別再「**挑戰**」主審的好球帶。氣氛一度緊張，兩好三壞、兩出局滿壘，比數4:3守方領先。

接著這球投出，小白球瞬間劃過**好球帶邊線較低**的位置，只見主審喊「Fourballs」！

此時比數變成4:4，還是滿壘。這個時候投手已經按捺不住性子，直接在主審面前比了「小框框」，大概意思是說「**球有在好球帶邊線內啊，你會不會判啊？**」

此時主審直接對投手比出「**驅除出場out**」**的手勢**，而投手更是不滿，直接把手套摔在投手丘；接著**總教練也出來抗議推主審一把**，然後主審也對總教練用右手比出相同

「**toss out出場**」的手勢，此時只見教練與裁判拉扯成一團，看來有人又要**被禁賽罰款**……對話23。

一陣混亂後比賽恢復進行，兩出局滿壘兩隊平手，上場救援的投手**授命盡量將球調整往好球帶半個球的位置**，結果第一球投出，打者見機不可失將球平射飛往左中外野，形成一支兩出局後清壘的二壘安打……

上述案例，正因為投手心中**無法接受裁判的好球帶**，動氣之小不忍則亂大謀，教練也為了**捍衛隊上投手的好球帶**跟著情緒激動，結果球隊付出了「慘痛代價」。這些情形在其他的職棒場上經常出現，屢見不鮮。各位棒球先進應該不難發現，當場上一、二壘有人，或者滿壘時，如果投手遇見的下一棒剛好是強打，此時好壞球數的影響就可能有著天壤之別；比方說球數2好2壞的主動權就在投手這邊，而**1好3壞的掌控權卻在打者身上**。所以**關鍵時刻裁判好／壞球判決的影響甚為鉅大，甚至可能會直接影響到比賽的勝負**。

根據MLB、CPB規則，好球帶定義如下「以擊球員**肩部上緣與球褲上緣**中間的平行線作為上限，以**膝蓋下緣**作為下限，通過本壘板上方之空間，應由擊球員準備揮擊時之**姿態**決定」；換言之，好球帶高度也會隨著打者的身高不同而改變。

◆主審擁有好球帶的生殺大權

既然好球帶是一個立體的空間，但是**實際上裁判有時不會因為這顆小白球削過這個空間就一定判好球**，為什麼？

其實中華職棒CPB關於好壞球的判決，主審本著裁判的自由心證，且在棒球規則中目前為止**是沒有抗議空間的**，雙方球隊對於主審裁判好壞球有不同想法時，尤其是**投手或者打者**。極有可能**被主審警告甚至驅逐出場**。

重點是，**裁判的判決就不會有瑕疵嗎？**

2011年根據MLB統計主審平均每8顆好球會有一球誤判，所以**誤判率大約是12.5%**，因為人類肉眼不是機器、更不是神，**更何況主審也會有個人喜好的進壘點**。

光陰似箭，十年過去了。由於**科技日新月異**，**大聯盟訓練主審裁判的技術也不可同日而語**。2021年主審平均每11.5顆好球僅有一球誤判，也就是說**誤判率下修到8.6%左右**。

洛言54

千萬不要輕易決定「好球帶」，如果打者不學習快速適應主審的判決，只能等著被「三振」。

EVEN球路行經的軌跡會削過好球帶，只要主審沒有舉手認可，那它都會是壞球，「抗議」只會自討苦吃。

好球帶是以本壘板為基準，向上延伸出來的一個五角柱體空間。只要球有削過好球帶，「理論上」應該會被判成好球。

據統計**內外角高球的好球**比起**內外角低球的好球**被誤判的機率高出許多，為什麼？

其實這是**視覺暫留**的效果，因為小白球受重力$g=-9.8m/sec^2$向下的影響，如果投手**將球出手時的位置本來就是比較高的位置**，此時**主審的眼睛會有0.25秒的高球視覺暫留**，因此即便是後來的0.2秒球瞬間掉落在K-ZONE（**好球帶**）當中，主審也會因為受到內、外角球路偏離中心的制約而**容易誤判成壞球**。

然而斜對**內外角低球的好球**就比較不會被誤判，因為投手的放球點就是K-ZONE區塊內**相對適當的高度**，所以主審在判決上就掌握了「視覺上」先天的優勢。

至於**K-ZONE區塊線邊上的球**對於主審來說恐怕是最具挑戰性的一環，加上職棒頂尖投手肯定會偶爾**把球控制在這些邊邊角角的位置**，藉以擾亂打者的打擊節奏，所以這意味著主審在判決上出錯的機率也將大幅提高。況且從投手丘飆出時速155公里的快速直球，到本壘板捕手的手套時間**僅僅0.45秒不到**，這麼短暫瞬間就要判決「好壞球」實在是一件困難的事。失誤率不到9%的主審簡直堪稱「鷹眼」（Hawk-Eye：電腦視覺系統）。

◆好球帶電子系統

為了解決職棒場上球隊與裁判的爭端，讓比賽得以順利進行，大聯盟引進了**好球帶電子系統**，期待可提供比主審眼睛更準確的判決。但重點來了，到底**這樣的電子系統準確嗎**？

正確答案：不一定，很難說。

關鍵解法：**系統如何設定**很重要。

之前2021至2022大聯盟3A已經開始進行測試電子系統，原則上系統設定的目標就是符合雙方教練團與球迷的期待：「**一致性與公平性**」。值得關注的是因為**所有削過好球帶的球就會算是好球**，因此，這樣的**系統設定**使得**之前主審不會判決成好球的位置，實際上大部分系統都會判成好球**。因此經過一定的場次測試之後，電子系統公司發現**這跟原來的好球帶相比，相對會變得比較寬大**。

這樣的情況可能「跟打者**打擊習慣性的站姿**與**揮棒角度**」有關，因為打者在**搖晃移動**時，其**K-ZONE**就會跟著改變。

因此，電子系統**在功能上的定位Set**就變得相當重要。

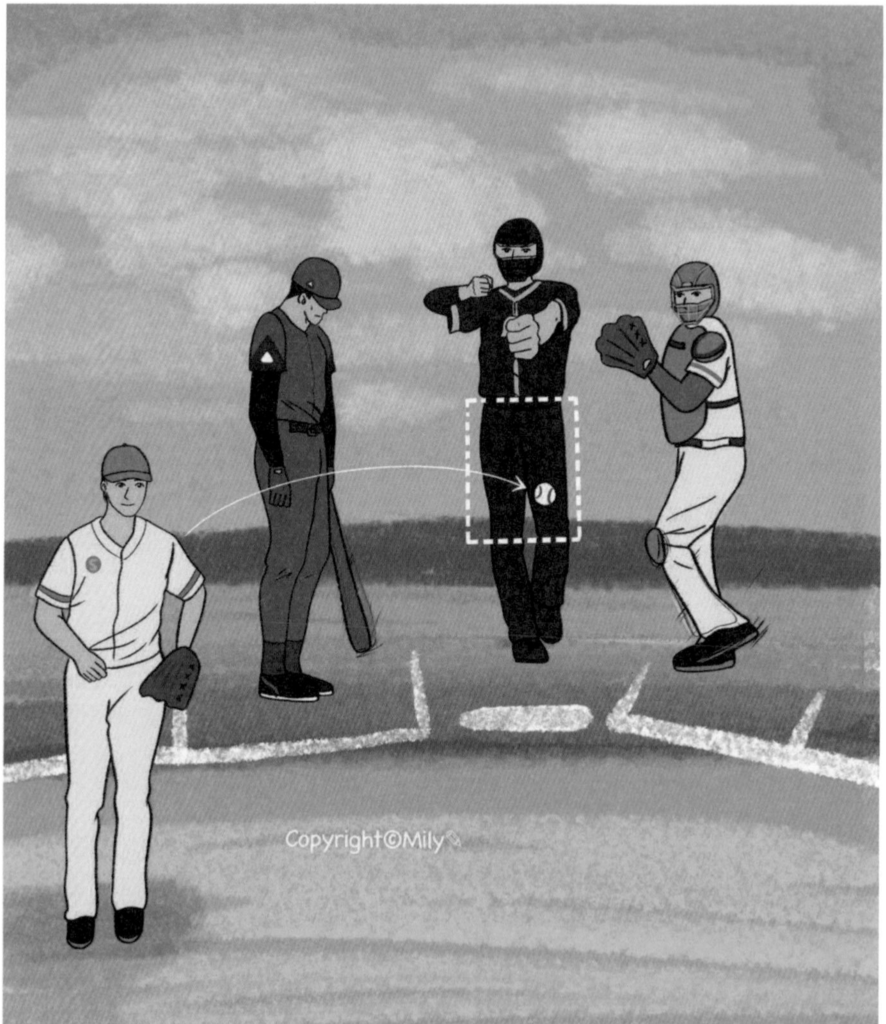

主審本著裁判的自由心證，且在棒球規則中「好球帶的判定」到目前為止是沒有談判空間的。

如果主審的判決不公正或者沒有一致性，那麼遭受球團教練的質疑與挑釁是可以預見的。

不過筆者認為主審還是需要站在本壘板來統籌掌控整場比賽的進行，甚至包括**雙方球隊的衝突化解**。他之所以會成為一位Key Man有**兩大癥結重點**：

第一：聯盟紀錄組如何將電子**系統判決**結果在**第一時間**回傳讓主審做出比較客觀正確的判斷。

第二：攻守雙方是否可以根據好球帶的**爭議球**提議「**電視輔助判決**」？如果提議成功，**是否可保留那一次**；此時，主審就得扮演公正的第三方角色。

◆道歉野球

在MLB職棒比賽的世界裡，雖然捕手大部分的打擊率（兩成出頭）都不高，但是他們會用**高阻殺率**以及**偷取好球**(Cather Framing)去幫助投手渡過難關，這就是一種**道歉野球**。這也是人性的一部份，因為主審不想同時被兩個球團說不公平，這樣會很不堪。儘管主審自認為是公正無私的，但如果沒有電子輔助系統顯示數據支稱其論點，那麼對於裁判的**公信力檢視**將更加嚴峻。

或許不少人認為主審是絕對公平的，但事實上可能不是這樣，否則何來道歉野球呢？因為這就是人性，也是棒球的一部分。

道歉野球

道歉野球1：瞞天過海。MLB教士隊捕手Hedges可以將**好球帶邊緣**的球利用手套快速平移，藉以**混淆**主審的判決成為好球。

道歉野球2：失而復得。上半局球員守備發生失誤造成失分後，下個半局打擊時就揮出關鍵安打將分數要回來。像是2015年世界盃十二強中華隊林智勝面對古巴發生失誤後，下半局就轟出三分砲幫助球隊將比數超前。
還有2023年MLB大都會Nimmo在滿壘時跑過頭被觸殺，但是十分有梗的Nimmo在延長10局下擊出再見二壘打，狙擊了洋基隊。

道歉野球3：截長補短。如果主審在判決一個打者好／壞球的過程中，前一球該判壞球卻判好球，那麼在面臨該打者甚至是之後的某一位打者，就可能會在**某個好球帶的線邊**給予**補償性的判決**。

洛言55

職棒比賽如果有主審搭配電子系統的輔助判決，其爭議相對較少，結果也比較令人信服。

如果投捕之間的配球策略成功，無疑會讓打者吃盡苦頭，陷入一籌莫展、只打壞球的窘境。

球場上頂尖的三振投手，除了球路夠犀利之外，與捕手的配球策略要夠靈活，才有機會善用「好球帶」欺敵致勝。

對話 23

電視輔助判決：甘冒天下之大不韙？

根據球賽規則：「禁止球員以任何方式故意與裁判人員肢體接觸。」一旦球員違反規定，裁判應先警告，**如再違犯則令其停止比賽，並令退出球場。**再者，**球員毆打裁判更屬情節重大的犯規行為，將依照競賽規則處以禁賽罰款。**

中華職棒於2008年發生林智勝因不滿「壘審」判決，從休息室衝到一壘攻擊裁判事件，雖然後來林智勝有道歉，但仍遭聯盟禁賽15場、罰款18萬元，是CPB史上非常嚴重的懲處。

無獨有偶，大聯盟在2012年時，藍鳥隊Brett Lawrie因不滿主審好壞球判決，去跟主審爭吵還將頭盔怒砸在球場上，後來遭主審驅逐出場，而MLB也宣布對Lawrie禁賽4場。

有鑑於此，為了解決球場上的球員與裁判的爭端，2014起CPB開始比照MLB啟用電視輔助判決，其規章11-1重點如下：

說明

1. 一旦經電視輔助判決後，裁判所做之裁定即為**最終裁定**，總教練不得再對**最終裁定**提出抗議導致延誤比賽，否則予以驅逐出場。
2. 除了好壞球、是否揮棒、投手犯規、內野飛球、壘包前滾地界內或界外、妨礙守備、妨礙跑壘**等七項不可挑戰外**，其餘判決只要有疑慮皆可挑戰。

另外，CPB 關於「驅逐出場11-2相關規定」也有補充：若抗議者經裁判解釋後仍再主動向前理論，裁判有權將其驅逐出場。未依規定仍持續停留者，裁判**有權暫停比賽**，並依聯盟規章加重其處罰。

◆甘冒天下之大不韙？

從另一個角度來看，筆者認為「不認真抗議，就不會引起注意」。

很明白投手這球就是好球，為何判壞球？

主審前後不一致，太明顯這個牽制就是OUT，為何判SAFE？**壘審判決有失公允**。

當裁判的判決不公，球員或者教練忍無可忍時，打人狀況在所難免，因為如此大動作的挑戰，才會引起聯盟的關注甚至球迷的支持。

MLB已在2014年球季，開始啟用電視輔助判決，此後正式展開了球隊總教練可以申請看畫面、向裁判宣戰的年代 。

在2014年之前，甭說好壞球判決沒得商量，就連壘上或者壘間的OUT/SAFE也無法抗議，若是遇見重要判決，當下球員或者教練只能苦水往肚子裡吞，而若是「嚥不下」**上去打裁判**，還得要面臨**球監或者罰款**。特別的是，**不要小看這個動作**，如果當時抗議的球隊沒有犯錯，**犯錯的人卻是裁判**，勢必會引起聯盟注意，那麼**之後的球監或者罰款反而就是裁判**喔！

韓國賣座電影《與神同行》曾有段經典對話：「在陽世犯罪，只要沒有起訴，那麼在陰間，起訴是沒有時間限制的。」

筆者期待**如果裁判犯錯，日後也該還給球員公道**。

我們先假設「因果的劇本」是存在的，那麼人們在世間犯了錯，死後陰間閻王審判的「孽鏡台」前，所有的善惡將一一現形。

所以《與神同行》又說：「不要再為過去的事，浪費新的眼淚。」

筆者認為該你的就會是你的，應努力去爭取。不該是你的，就算強求也只會是短暫。**陽世間屬於你的，之後陰間審判**該你的就會還你。至於怎麼還？老天自有安排。

想要跟天爭？如此不智的行為，**想清楚再做**。筆者曾去過台南道教天壇，一進廟抬頭一看就會發現匾額上有「一」字，意思是說世人總是精打細算、爾虞我詐，但**到後來**

總是禁不起老天爺這一劃。奉勸芸芸眾生不必枉費心機，因為釐毫不差的報應只是早晚而已。

清朝愛新覺羅胤禛（雍正），算是宮廷鬥爭的大內高手，從九王奪嫡的**球季賽**，接著是皇子們又結黨營私的**季後賽**，最後是**四阿哥胤禛與八阿哥胤禩的總冠軍賽，胤禛順利拿下世界大賽MVP**。

筆者想過雍正大帝**費盡心機**登上皇位，但他**在位竟然只有13年**，最後操勞過度而死，反觀**其父親康熙登帝59年、兒子乾隆的皇位也長達60年**。跟天爭對雍正而言真的是**不堪回首、不勝唏噓！**

名電視劇《最佳利益》也說：「出來混有時候總是得還的，法律管不了的，還有祂會管。」終究老天有眼，明察秋毫，舉頭三尺有神明！

筆者有一位學生是低收入戶，主因是他父親在13年前**因為深夜工作被富商開車撞死**，但當時富商背信只有賠償第一期，後來舉家逃往美國毫無音訊。學生雖家境清寒，但仍憑著自身努力考上台北大學社工系，半工半讀完成學業，接著考取社工執照並在社福中心幫忙。某天他去處理一個失智長者的個案，才發現這名長者就是富商的媽媽，當年不孝富商不想帶她走。重點是社會局得知**富商在美國出車禍變成殘廢，兒子也變成植物人**，而照顧富商媽媽的看護因為沒錢拿竟然就跑了，令人不勝唏噓。

有因必有果，不是不報，時機到了就會回報，這次因果應驗的答案是13年。

至於因果能量的循環如何操作？

筆者心裡想……應該是只有「天知道」。

而「**不昧因果**」就是不可忘懷因果的核心價值，應該依循因果的效應，安身立命。所以**即便是大修行人其言行一樣會落入因果的驗證之中！**不可不慎。

佛教經典《普賢菩薩行願品》有云：「是日已過，命亦隨減，如少水魚，斯有何樂？」

主要意思是說一天過去了，人類的生命就減少一天；同理，就好像魚在水裡，水也會漸漸變少一樣，那麼我們人跟魚一樣究竟有什麼值得開心的呢？

既然天理運行有一定的規範，那麼球場上呢？主審的框架又不見得是對的，怎麼辦？

◆好壞球判決的新趨勢

為了解決職棒場上的爭端，讓比賽得以順利進行，大聯盟引進了**好球帶電子**

行雲流水般「流暢」的守備動作，除了來自於球員平日的苦練，也得感謝教練願意「充分授權」使其在場上能夠自在的發揮。
這就是一種難能可貴的信賴。Even天字輩的裁判也是無從挑剔。

系統，希望可以提供主審更準確的判決。但是，K-ZON的**區塊線邊**仍然是頂尖投手們喜歡挑戰的位置，所以主審在判決上也面臨不一樣的思維衝擊。

然而，主審對於**K-ZONE電子系統**上的**數據**結果應該全盤接受嗎？

到2023年為止美國3A還在測試階段，對於官方測試的結果，各界仍持有不同的看法，因為**系統提供的好球帶略為寬大**，重點在於調整設定的**關鍵因素**：「打擊時**打者的晃動位置**以及**高速攝影機進壘點拍攝的角度**」。

筆者認為職棒的**好壞球判決**應該就是要人性與科技並行，主審對於**電子系統**上的數據在某個範圍之內可以自由心證決定，並做出**前後一致性的判決**即可，至於**挑戰權**也應該要同時並行，留給球員甚至教練不平則鳴的抒發管道：**挑戰1次成功可保留，2次成功可再加贈1次挑戰**。（註：**這種挑戰**應該與CPB 11-1那七項歸為同一類才合理。）

洛言56

電視輔助判決的「重播畫面」彷彿就是一面審判的「孽鏡台」，真相就在裡面，誰也閃不掉。

此時主審裁判們也面臨史無前例嚴峻的環境：**球監與罰款**。這些在之前**握有生殺大權的「天字輩」主審們**，在今後要刮球員的鬍子之前，可得先把自己的鬍子刮乾淨喔！

◆棒球九宮格隱藏的人際互動秘密

如之前所述，好球帶是以本壘板為基準，向上延伸出來的一個五角柱體空間。

其中，只要球有削過好球帶，理論上都會被判成好球。然而，投手面對這個**五角柱體的正面**可以想像成一個正方形區分成9個一樣大的區塊稱之為九宮格（下一頁彩蛋）。

筆者以人際互動的**打者**九宮格來比喻另一種形式的投打對決，其中X軸代表一個人的**外在親和力**，即該人是否容易被親近；Y軸代表一個人的**自我保護力**，即該人與人相處是否有警戒心。

韓劇《Moving異能》曾說：「超能力算什麼，同理心才是一個人真正的能力，能夠理解他人，這才是最重要的。」因此，將心比心，真誠站在別人的角度思考，才能真正投出一場好球。

曾經遇過身心障礙的學生抗拒學習，也排斥走入人群，甚至家長把自己孩子保護的很好，深怕心理再度受傷。所以選擇自學。

人際互動九宮格

（投打對決）

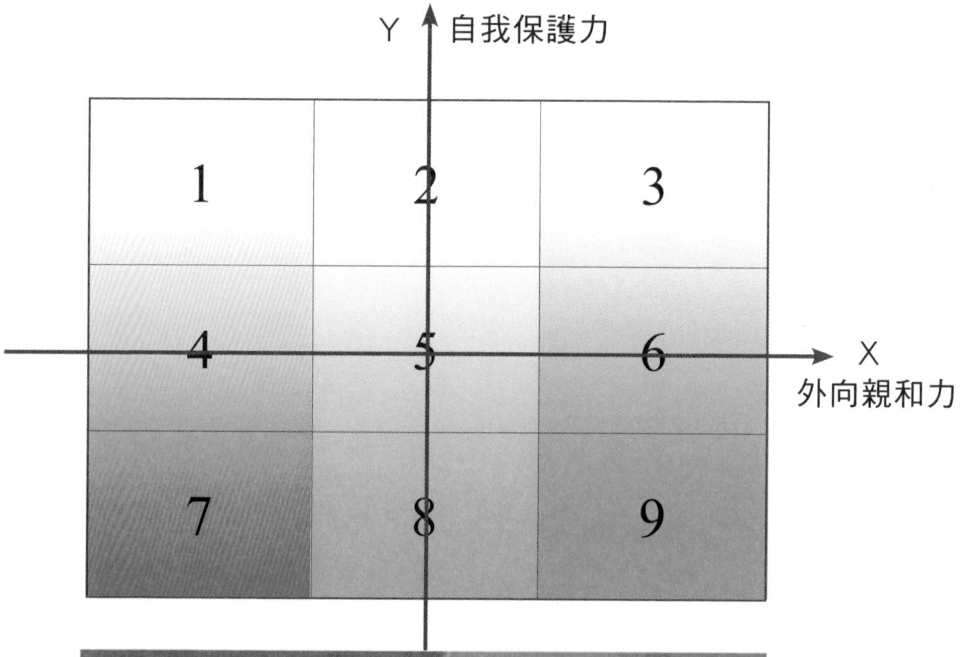

經典分析

第8和第9格是投手**最常投進去**的區域，因為該打者的警戒心很弱，而且具有親和力，在**人際互動中很容易上鉤**（引誘揮棒變滾地打不好）。

第1和第2格是投手**不常投進去**的區域，因為該打者的警戒心很強，而且沒有親和力，在**人際互動中很不容易相處**（除非配球單吊一顆High-Fast Ball，否則較少投這一區塊，因為怕被逮到就成長打）。

第5和第6格是投手**偶爾會投進去**挑戰的區域，因為該打者的警戒心尚可，而且親和力很強，在**人際互動中算是容易相處**。不過這兩格會要求投手的**控球能力要好**，因爲稍微一不小心就很有可能被打成安打，反而**思緒容易被對方所控制**。

關於K-ZONE區塊線邊上的球，**要讓好球看起來像壞球，壞球看起來像好球**其實相當不容易，這需要**有良好經驗及技巧**的投手才比較有機會成功。這在人際關係互動上可稱為「**若即若離、欲擒故縱**」，算是掌控人性段數比較高的心理策略吧！

洺言57

洞悉別人「言行舉止」背後所隱藏的涵義是一項很重要的能力。

其實筆者主張應該要求學生逐步走入人群，因為如果在12至18歲不讓他／她接觸群眾，將來學生一定會更害怕人際互動，**這樣子反而會阻礙他們成長**。

每個人的生命中都有階段式的朋友甚至敵人。但是你知道嗎？「沒有敵人，比起沒有朋友，更讓人寂寞」這是經典台劇《不夠善良的我們》其中的精湛對白。

所以有時「直球對決」，其實不是壞事喔！

對話24 信賴球員作他擅長的事：Be a somebody

For 激勵信任

2014年《富比士》中國大陸首富、阿里巴巴集團主席馬雲曾說：「複雜的事情簡單做，你就是專家；重複的事情用心做，你就是贏家。」這句話對職棒選手**在危難的時機有著極為鼓舞的作用**。

2021年NPB總冠軍賽，兩隊對戰延長到第12局，後攻的養樂多隊啟用曾經拿過**央聯打擊王、金手套**的川端慎吾上場代打，結果**川端把握住機會擊出勝利打點，為球隊拿下足足等了20年的日本第一**。**「德不孤，必有鄰」**，擁有單季56轟亞洲紀錄，且被KBO封為與神同行的**國民大砲**(OPS:0.97)李承燁，不但在2008年幫助韓國擊敗日本及古巴拿下**奧運冠軍**，且在2012年幫助三星獅拿下**總冠軍**。他們的成功都是因**重複的例行性(routine)工作，不斷的練習所致**。古諺云：「Practice makes perfect.」意思是熟能生巧、接近完美。

然而，「**用人不疑，疑人不用**」，在MLB拿過美聯打點王、MVP的洋基隊Donaldson，某場比賽前四次打擊都繳白卷，第五次上場時球隊落後3分，但總教練選擇信任沒有換掉他，結果Donaldson用再見滿貫砲4分逆轉光芒，**回敬總教練知遇之恩**。

筆者認為身為專業的教練，應該要熟悉自己球員的習性，並適時給予鼓勵及放鬆。有時MLB投手教練緩步走上投手丘上表面上像是要開會，但其實是要讓下一位正在準備的救援投手有多一點時間熱身，而且也要投手丘上這名投手稍微喘口氣、放鬆一下心情，不要那麼緊繃。因為正是十分緊張的時刻，偶爾教練上來時會說：「待會比賽完我們去吃消夜，去你最喜歡那一家啤酒屋(beer hall)，我請客。」**接著轉身對捕手說：「你也去。」**然後，經常下一球投手就直接把打者三振。

教練要學習放手讓球員做他擅長的事，並且在最關鍵的時刻給予激勵及讚美，因為處於放鬆狀態的球員會有水準以上的表現，甚至會看到奇蹟出現(incredible)。

球迷就是想看到這樣值回票價的畫面。當然還有**支持的球隊能贏得勝利**，因為「**贏球治百病**」啊！……對話27。

洛言58

職棒場上如果球迷的心情能像「吸毒」，那麼那包「大麻」就是球員精彩絕倫的「Nice Play」。

◆比「拿高薪」更重要的事

美國心理學家 Herzberg 曾經提出雙因素理論：激勵保健理論(Motivation-Hygiene Theory)，Herzberg發現：屬於挑戰性的工作、受到「認可」以及「有責任擔當」，使得員工感到滿意及高度存在感。比方說：當投手被告知是本隊近期**比賽第一或者第二號先發**，還有打擊會被安排到重要棒次時，感覺就像是被肯定「高成就感」，有**極度被激勵Motivated的內心感受**。

Herzberg也發現：「**工作安全感、所得薪水、公司福利**」跟前述「有挑戰性的工作」相比較，會使員工感到沒那麼令人滿意。比方說：當選手被告知下個月會有比較高的薪資肯定時，**有部分人不會因為薪資無法滿足自己的基本保健需求，去「抱怨」薪水加得不夠多**，而是擔心雖然加薪但如果表現沒有預期來得好，怎麼辦？

其實這點是許多職場業務人的想法，就像如果我現在拿了比別人更高的薪資，但是我之後的業績卻不如別人，久而久之，這樣的壓力就會無比頂大。

洛言59

與其拿高薪「德不配位」，不如好好表現「超越自己的極限」，真正人生的意義莫過於此。

職棒明星球員長期承受著鎂光燈的光環，除了有球團的強力支持，重要的是來自於「球迷」的長期信任 。

當工作被賦予
有挑戰性的成就時，
其實這樣的肯定
早就超過高薪的感受。

◆「激勵信任」鑄造出傳奇巨星somebody

單季擊出55支全壘打的日本職棒紀錄王貞治，與打擊教練荒川博共同研發出「金雞獨立稻草人打法」，還有運用武士刀去砍紙片藉以提升個人的打擊率。因為荒川博**懂得激勵**，且王貞治**選擇信任**，所以能夠鑄造出一代巨星。或許我們可以說：只有愚者才把希望寄託在運氣上，**而我們最後會成功靠的是信任及苦練**。

職棒教練過去「**強壓式**」的訓練風格早就不是主流了，因為**激勵信任**的引導方式會透過充分授權，讓球員自己發揮潛能、心甘情願的追隨練習。特別的是教練**適時提供有效的訓練方式**回饋球員，讓彼此得到信任，這樣的氛圍很重要。公元前624年，秦穆公旗下將領孟明視三度討伐失利，但秦穆公仍對他保持信任，最後孟明視抱著必勝的決心，一鼓作氣收復城池，回報主子對他的提攜之恩，之後也讓秦穆公創造了開疆拓土的黃金年代。所以筆者有感而發改寫一段阿基米德的金句：「給我一個信任支點，我就能舉起世界的霸業。」

還記得2023年WBC的半準決賽：日本對上墨西哥，九局下半日本隊最後反攻，當時4比5落後一分，情勢緊張。此時日本隊一、二壘有人，輪到村上中隆第5次上場打擊，在此之前四次村上都沒有表現，但**日本隊總教練栗山英樹不但沒有換掉他，還堅持讓他繼續上場打擊。**

結果村上瞄準第一球，直接打向中左外野形成一支帶有2分打點的再見安打，直接6比5逆轉戰局、氣走墨西哥。

在到處是荊棘的路上，充斥著冥頑不化的堅石。只有愚笨的人選擇退縮，當這些是絆腳石；而有大智慧的人則會調整心境，當他們是邁向康莊大道之墊腳石。

如此心境的試金石就是「激勵&信任」。

洛言60

其實真正的英雄是生涯拿過監督500勝的栗山，也因為他的信任，激勵了村上，成就了日本的WBC冠軍杯。

英雄
S
信任
激勵
Copyright©Mily

人際關係互動的最高境界是：充分掌握對手的球路心思，並將小白球撈到牆外，讓他對你心服口服、俯首稱臣。

伍

球場風雲篇

對話25

投打雙刀流：資優協槓、人生雙贏

沒有峻峭的岩岸，激不起美麗的浪花；

沒有狂風暴的襲虐，看不見瑰麗的彩虹，是玫瑰的「瑰」；

沒有一九一八年貝彼魯司其雙位數「勝投與全壘打」的恐怖，

顯不出二〇二三年大谷翔平其雙位數「**勝投**、**全壘打與盜壘**」的夢幻；

沒有鑽石切不了的鑽石(Diamond cut diamond)，

給我「**雙刀流**」，其餘免談。

◆為「紀錄」而生的男人

1994年生於日本奧州市的大谷翔平從小受到運動選手爸媽的影響，利用基礎型**概念思考**，擴充成八項延伸型**實踐思考**，目的是開發出內心的**真正潛能**，讓目標達成更有意義，這就是大谷的「**九宮格法則**」，其中展現了棒球觀念、為人處事以及正確心性態度的養成。

就連他賽前的每一次的熱身，都是用毫無保留的態度、盡全力揮擊，這樣願意把基本功夫做好的球員，很容易就能**得到教練的信賴**。

2023年天使對太空人的比賽，大谷已成為大聯盟史上**第一位（被認定無法超越）打出100支全壘打**以及**投出500次三振**的雙刀流選手，打破了100年來Ruth生涯所累積的紀錄。

不過筆者認為Ruth有一項紀錄很難打破，那就是世界大賽7枚冠軍戒指，這個大谷可能要想好去哪支球隊，才會比較有勝算。

另外，從棒球歷史的角度來看，大谷和Ruth兩人是真正**雙刀流**的超級巨星，至於大谷想要登頂「Ruth **障礙808**」（714轟+94勝），其實是指日可待的。

◆「麥可．喬丹」曾經打棒球？

1963年出生的前NBA球星Michael Jordan，擁有**6枚總冠軍戒指、5個球季的最有價值球員**，以及10次的NBA得分王（場均都超過30分）並**入選名人堂**。

各位朋友，他是**籃球之神**耶！

但是，許多人不知道他打過棒球。Jordan曾與白襪球隊的2A簽約，開始他的職棒生涯。雖然打擊率只有兩成多，上壘率不到三成，但**30次盜壘成功以及0.95守備率**，足以**證明他擁有驚人的運動天賦**。為什麼這樣評價Jordan？

畢竟籃球與棒球是兩種截然不同的運動，「**籃球**」的節奏明快，**講求肢體對抗與瞬間爆發力**，更重要的是球隊**要能找到攻守聯防的勝利隊形**；然而，「棒球」比賽的節奏可以說是忽快忽慢，有時候是**行雲流水式的打擊戰**，但偶爾卻是**八風吹不動的投手戰**，只有打擊棒次對了、加上投手球路能封鎖對手，這才是**勝利方程式**。

可以在這麼短時間內適應不同運動風格的比賽，與其說Jordan入選名人堂當之無愧，不如說他正是異於常人的運動天才。

Jordan掌控了籃球與棒球兩種節奏與協調性不同的比賽，可謂天賦異稟。同理，在人生其他跨領域的職場，如能抱持謙虛與多方學習的態度，一樣有機會成為資優斜槓，大放異彩、青雲直上。

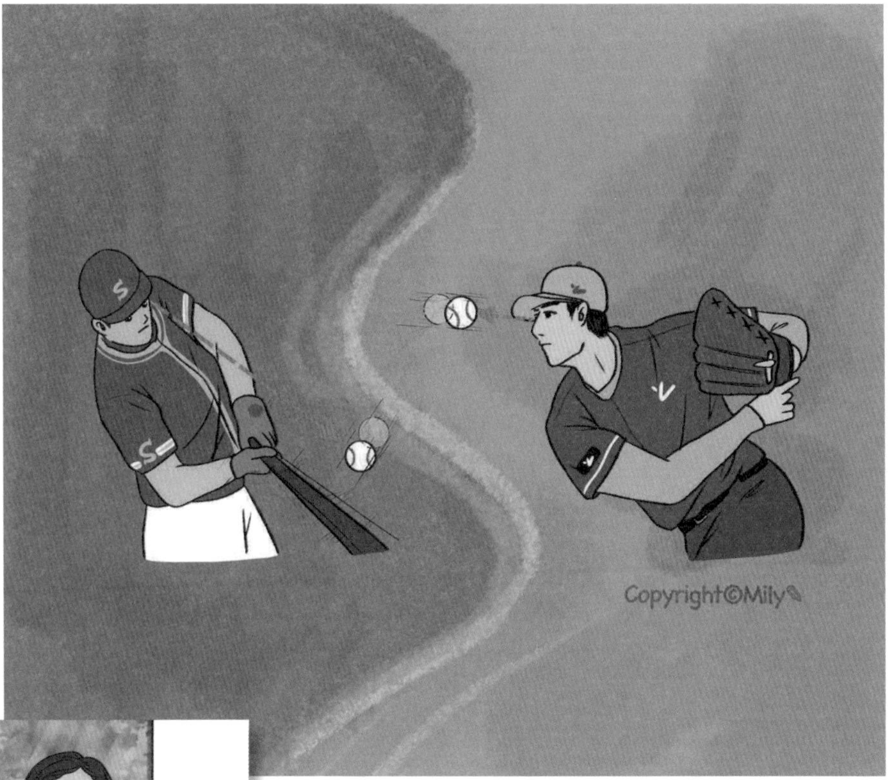

試想，在這個世界上一輩子可以做好一件事已經非常難得了，更何況是「一次同時做好兩件事」，而且都做得極好、甚至是頂尖，應該是屈指可數了。

◆不只是「棒籃」雙刀流，還有「影歌視舞」的多棲傳奇

除了Jordan還有紐約尼克隊的DeBusschere，他除了是NBA有名的前鋒之外，也曾經在MLB白襪隊打過兩個球季，**防禦率接近3**，相當不錯。另外一位是勇士隊的Conley，他**十個球季擁有超過90勝**的投手戰績。引以為傲的是，他也曾經幫助NBA塞爾提克隊拿過不只一次的總冠軍。他們果然是**橫跨職棒、職籃無人可匹敵**的全方位球員。

他山之石可以攻錯，不只是運動員，在**許多不同領域**也有各擅勝場、**獨領「協槓」**數十年的**人類**。值得一提的是，在亞洲藝壇也有幾位優秀的**多棲傳奇明星**，他們曾經是叱吒風雲、得獎無數。

1990年出道的日本偶像團體SMAP成員：木村拓哉，他的演藝觸角延伸到影視、廣播以及唱片歌手，特別的是他拿過多次**戲劇**的**最佳男主角**，廣受亞洲粉絲關注；再來是發跡時間與木村很接近的香港重量級天王劉德華，他的協槓獎項包括**港劇**、**電影**及**歌手**，是華人朋友心中永遠的「**最受歡迎男主角**」。最後一位是世界頂級男演員：湯姆·克魯斯，不但拿過金球獎影帝，還是好萊塢**最具票房保證**的知名**製片**。

筆者認為這3位藝人就是典型的**影歌視多棲**，因為綻放光芒的年代及方式十分接近，所以放在一起介紹最適合不過。

另外，還有3位協槓資優生包括香港的梁朝偉、韓國的李秉憲以及宋康昊。他們出道的年代(1985至1995)也幾乎一樣，而且他們**主打都是「影帝」**，除此之外，梁朝偉還獲頒坎城及威尼斯影展獎項，李秉憲更是好萊塢巨星，而宋康昊主演的電影《寄生上流》也獲奧斯卡最佳影片。

◆百花齊放，不讓鬚眉

以上介紹了六位影視協槓男巨星，接下來我們來推薦3位發展多元的女性（沈春華、金泰希、趙婷）的表演傳奇；除了共同**有閃亮的顯赫學歷**，更重要的是她們分別在新聞主持、演藝及導演也有相當傑出表現，其中以沈春華將近30年的成就最令人佩服。

近15年來，**「兩性平等」**已經漸成為引領世界的風潮。特別是**沈春華擁有金鐘獎最多獎座**的殊榮，果然巾幗不讓鬚眉。另外，極少韓國藝人擁有的首爾大學學歷的金泰希，影視表現在亞洲受到歡迎的程度，無與倫比。最後趙婷所執導的《游牧人生》，無獨有偶的接連在**金球獎與奧斯卡成為第一位得獎的華人女導演**。

她們在職場上的驚艷表現，也讓許多同為演藝圈的男士自嘆不如。

在世界上都存在著人類跨領域的斜槓表現，
重點是他們夠細心，而且專注
用心的程度絕對超過
你所想像。

26

Ruth Ginsburg 是美國極少數能夠成為最高法院大法官的女性，哈佛法學院畢業的她曾經說過：「一位可以盡她所能完成所有目標的女性，我想這樣就會被人們記住她的名字。」

同時Ginsburg也是法學院教授，更是律師，她成功運用法律推動「性別平權」，得到美國人民的尊敬。如此優異的表現，再度證明女性在職場上的能量揮灑，是可以跟男性分庭抗禮、不分軒輊的。

回到棒球領域，Padgham投出女子棒球接近134 km/hr的史上最快球速，所以她能入選為加拿大的國家隊，挑戰世界盃是指日可待的。

洛言61

請避免用歧視的眼光看待「女性」，至少你的媽媽、姑姑、阿姨也都是女生。她們照顧家庭的能力應該都比我們都來的細緻、有條不紊。

對話26 女神啦啦隊：買票進場、多重享受

「比賽進行到七局下半兩出局、比數0比0，這是一場精采的投手戰，雙方安打數總和只有5支，兩隊沒有失誤。」電視主播正認真轉播著球賽，**深怕比賽冷場**？

別擔心，就算「**投手戰**」也不至於沉悶……

因為其實轉播比賽的攝影師會把鏡頭帶到一、三壘觀眾席的加油區，此時場邊會持續響起球員的應援曲，以及球迷齊聲吶喊的加油聲，特別的是：靠近護網欄杆的加油區洋溢著青春活力的激情，一群擁有天使臉孔、魔鬼身材的年輕女生正舞動著美麗的正能量，**堅持「永不放棄」**的精神，鼓舞著球迷隨音樂脈動盡情奔放，也為選手加把勁，盼能信心大振揮出勝利的一擊。

當然電視導播也會給這群年輕的女生完美特寫，包括「**俏麗髮型**」、「**美妝眼影**」、「**甜喜笑容**」、「**美胸**」、「**纖腰**」、「**翹臀**」以及「**白嫩細緻的美腿**」，最重要的

是展現活力四射**「汗水與力量」的舞蹈**，讓現場及電視球迷目不轉睛、大飽眼福。因此場邊拿著專業相機或手機的記者粉絲們，更不會錯過這個難得的機會捕捉場上最精采、難忘的一刻，當鎂光燈此起彼落，美不勝收，盡在不言中。

這群舞動青春加油的女生，我們稱呼為「女神Girls」。

如此綻放青春的熱能，職棒比賽**哪裡會冷場！所以想睡覺的朋友不要來球場**，除非你不是球迷，而且要小心有可能會被球砸中。

比起投手防守戰，球迷更愛看打擊戰。談到雙方的打擊戰、砲火四射，目不暇給；**但球迷最愛看的莫過於女神Girls博取版面的精湛演出**。

「醉翁之意不在酒，在乎球場仙女舞。」與其說買票進場幫自己的球隊加油，不如說為了欣賞女神啦啦隊舞動全場而主動買票。或者也可說：一票進場，雙重享受。

2010年以前的比賽啦啦隊加油比較偏向單調的「揮舞隊旗、汽笛聲響」助威，最有趣的還有神奇的球迷**波浪舞SHOW**。2010年以後，大家慢慢喜歡上球場上的唱跳應援文化，逐漸的球迷會覺得融入其中十分有趣，加上每位選手的風格不同，因應其加油的應援曲及舞蹈也是變化萬千，其中啦啦隊長領軍喊口號，感覺就像另類多元的棒球饗宴party。正因如此，各隊女神們在每場派對的**串場功力**及**角色扮演**就顯得相當重要。

企業吸引球迷進場看球，除了要打造球員「強力棒球」的特質之外，也要運用啦啦隊的「勁辣美麗」，結合成頗具票房的力與美。

After all，有部分球迷買票進場，就是慕女神的名而來的。為了吸引更多不同層面的球迷進場看球，也讓欣賞職棒啦啦隊的文化融入你我的青春生活，CPB各隊陸續引進了韓國KBO的女神電音應援，的確為球賽注入不少的票房。

中信兄弟 Passion Sisters　　樂天桃猿 Rakuten Girls
味全龍 Dragon Beauties　　統一獅 7-ELEVEN Uni-Girls
富邦悍將 Fubon Angels　　台鋼鷹 Wings Stars

（資料來源：六球團官網）

近年來亞洲各球團啦啦隊強調「**衣少緊身**」的行銷策略奏效，再度證明球迷**進場的人次提升與Girls的穿著**有明顯的正相關。值得一提的是：有些女神的網路知名度竟然「**反客為主**」超越球員的被關注度，像是韓國斗山熊隊的seo_hsss、樂天巨人的Kim Jin Ah，她們的網路(IG)人氣追蹤至少都有15萬以上，令人嘖嘖稱奇。

職棒市場是以**男性球迷**較多的運動，如果這樣清涼勁辣的商場文化被認可，那麼是否有「**女性被商品化**」的味道存在呢？

洺言62

關於職業運動比賽，到底是「票房」重要？
抑或是「女性被商品化」衍生的問題重要？

◆職業運動的Me Too事件

據韓國KBO報導：近年來有職棒啦啦隊員在跳起啦啦隊應援舞蹈時，遭受粉絲性騷擾，還有許多人會在網站上留下十分噁心的訊息、甚至還有情色的影／照片，這其實對當事者是難以承受的。

但是有些人**不但沒有同情心反而檢討受害者**，說她們可能穿著過於暴露，讓加害者有機會進行犯罪等。然而，知名作家律師呂秋遠接受訪問說：「我有脫光的權利，你有不性侵我的義務，這不是理想，而是身而為人，必須要有的基本態度。」

以上是現代人對於人際互動應該有的法律認知及禮節態度，這就是正向的**人性**。就好比：大家心裡都知道就算工作場合遇見**條件優秀**、**顏值美好**甚至穿著勁辣的異性，因為我們大部分受過禮節教育，原則上是不會違法去冒犯這些異性的，對吧！

但是話又說回來，這種情況下「**內心不曾有非分之想的**」，試問：在這世上又有幾人呢？

同理，或許我們心裡都曾想著要「孝順父母、讓爸媽過得更好」，甚至都可以說得頭頭是道。但是真正遇到父母親身體病痛、經濟困難時，實際會去認真解決的，世上又有幾人呢？

有些生活禁忌「**只能說說但不能做**」，然而有些人情世故「**只能做卻不需要說**」。

面對職業體育啦啦隊請用藝術之美的特質，轉化情色非分之想，避免滋生法律問題，破壞了運動加油的美好初衷。

保持不斷的自我鞭策及努力，配合正向的能量累積，總有一天你將會遇見屬於你的MVP。

◆才子佳人「力與美」的傳說？

據大聯盟官網Monagan報導關於CPB：「可愛俏麗的**女神啦啦隊**在場邊跳舞加上球迷們敲打著加油棒，吶喊聲從本壘板後方一直傳到外野看台，其**感受就像是有1萬人以上的管弦樂隊在你家客廳演奏**」，如此浪漫生動的**環繞音響**，是只有來現場才會感受到的震撼。

不只是現場球迷，就連比賽的球員勇士們也會受到無比的激勵。

在如此青春洋溢充滿粉紅泡泡的音樂饗宴氛圍下，難免被視為明星的球員與啦啦隊女生們也會互相吸引。因為職棒的選手幾乎都是從國小一路苦練到成為選手，每天的生活除了訓練、就是比賽，交友圈算是相當封閉，在職場上難得遇見場邊有為自己加油的女神Girls，選手心情多少就會為之一振、甚至與女神有一見傾心的情況。

關於戀愛男女初期的思念，宋朝詩人王觀就有經典的描述：「水是眼波橫，山是眉峯聚。欲問行人去那邊？眉眼盈盈處。」

河川流水像是她靈活的眼球流轉，疊翠山丘像是她的眉毛匯聚處。想問你的心思接著要飛去哪兒？想也知道即刻就要前往綠水青山有她眉眼形影出現的所在。

接著，知名音樂平台網易雲有一句告白名言：「從此煙雨落金城，一人撐傘兩人行。」大致意思是說**希望能夠和身邊愛的人一起面對風雨，勇敢走向幸福**。

事實上歷年來中華職棒球員與啦啦隊們已經有數對好事成雙的案例，我們誠心給予這些才子佳人祝福，能夠在球場上找到自己心中的MVP。

重要的是：職棒各球團與球員們的合約中並沒有規定不能與啦啦隊成員以任何方式聯絡，**唯一要注意的是不可做出有損球團名譽之事**。

Even頂尖籃壇NBA也明令球員禁止與啦啦隊接觸，希望能確保球員的身心狀況，使其專注比賽。「談戀愛是否會影響運動競賽成績？」其實是見仁見智，或許有人會受到影響、有人卻不會，這主要還是要看比賽當下選手的專注程度而定。

但如果類似的情況發生在高三的學生身上，儘管學生的爸媽可能會極力反對他們交往，但筆者仍然認為家長要耐住性子觀察一段時間，再做初步決定。原因如下：

唯有真正了解打者好球帶「九宮格」的喜好強弱 ，才有機會長時間與打者個性斡旋對決，並站穩這個「人際互動」的舞台。
同理心才是決勝武器。

第一、站在「人性的角度」，若大人愈是禁止，小孩愈是會極力反抗，所以反對沒有用。

第二、如果站在「教育的角度」，我們老師期待可以會同家長，一起鼓勵學生朝正向努力，能夠把升學考考好，這樣子「對兩人而言」才會有美好的未來可談。

將心比心，如果不這樣做，兩位學生可能連學測都不會去考，**甚至還可能會有悲劇發生**。所以如果你是家長，這應該不是你想看到的吧……

筆者請教過不同世代的高中導師們，處理高三小情侶的方式結論不外乎以下三個原則：1.給予關心、循循善誘。2.順其自然、讓子彈飛。3.面對挑戰、正向鼓勵。

有一位擔任中學導師將近40年的資深前輩提醒過筆者，如果「因果」是存在的，那麼就在這個moment他們之間勢必會有能量發生，我們一般「凡人」是不方便、不適合去阻止這場「業力引爆」的，難怪俗話有云：「寧願拆掉十座廟，也不要拆散一對情侶。」

我們師長只能夠給予正向引導其能量釋放，盼能有美麗的句點。至少**心誠則靈**，**默默行走正道**，**好運才會跟著來**，筆者引用佛光山星雲法語的金句與大家分享感應：

「用至極的虔誠之心，佛家說：『若召喚弟子，弟子應聲而來。』」

說明

人們之間的緣分很特別，有人同窗三年說不到幾句話，卻有人天涯海角相遇，成為一輩子的知己。**高中數學**有提到單元「**空間中的直線**」，正好可以詮釋這個人與人之間的微妙關係。

1. 空間中的**兩相交直線**：生命中註定會相遇的人（兩線僅**有一交點**），

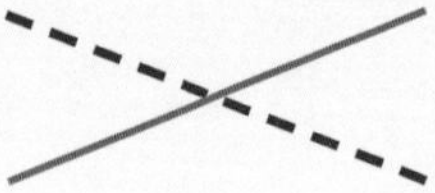

請珍惜「再續前緣、相知相惜」。

2. 空間中的**兩平行直線**：生命中註定沒緣分的人（兩線始終**沒有交點**），

請感受「休要強求、隨緣自在」。

3. 空間中的**兩條歪斜線**：生命中註定遇不到的人（關注**兩線最接近時**），

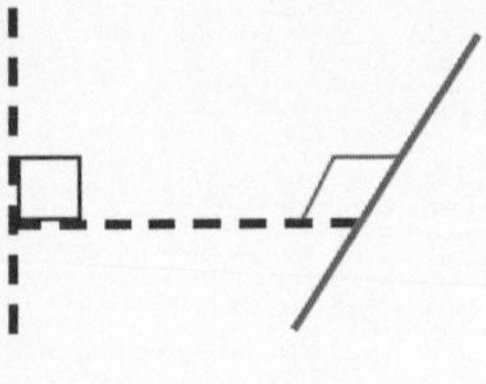

請體會「普渡眾生、廣結善緣」。

值得一提的是，上述第三點空間中的**兩條歪斜線**是筆者個人關於**「因果人際互動」一個比較特別的比喻**，因為你在這個世界上不是每個人都會遇見，所以對於芸芸眾生你所能做的就是運用「善知識、祥聲音、好行為、正財富」與別人分享、普渡善緣。誠如《了凡四訓》所言：「積善之家，必有餘慶」，與大家共勉。

洛言63

茫茫人海中，有人朝夕相處，但「形同陌路」；有人萍水相逢，可「互訴一生」，即便是將來2人遠在天涯，心思也會近在咫尺。

最佳十人不但攻守俱佳，而且要有強烈的企圖心，能帶領球隊迎向勝利。

要成為一場比賽的勝投，除了要有強烈贏球的企圖心之外，還要有隊友完美的合作、鼎力協助。這也是球迷想要看見的比賽。

對話27 球迷的野望：「連勝讓人亢奮，止敗更令人心醉」

For 勝敗人生

職棒棒球的**連勝**是一件多麼令人興奮、血脈賁張的事。

你是否知道MLB的連勝紀錄是幾場嗎？是八連勝、十五連勝抑或是二十一連勝呢？答案都不只這些數字，根據《NBC Sports》報導，舊金山巨人隊曾創下高達**二十六場**連勝的紀錄，可以說是贏瘋了。至於CPB則是有統一獅創下的17連勝，也是相當讓球迷驚喜。

然而MLB敗最多場的紀錄則是費城人隊曾**苦吞的二十三場連敗**，好慘喔！**有將近5週沒贏過球**，到底是怎樣才能贏球？如果筆者是球迷，很有可能會得憂鬱症。

高中數學有一個單元「**機率**」，假設MLB實力相當的兩支球隊各自獲勝的機率都是$\frac{1}{2}$，因為每場比賽**勝負都是互相獨立的**，所以**巨人隊連勝二十六場的機率為**$(\frac{1}{2})^{26}\approx\frac{1}{10^8}$，也就是**平均每一億場比賽才會出現一次26連勝**，這實在是誇張到沒有人會相信吧……

◆連勝是一種氣勢？

既然連勝的機率相對極低，那麼如何會發生呢？

古人說：「一命、二運、三風水」，或許**命格天定**不可改變，所以只能盡量從**風水氣運**著手，我們常說風生水起好運來。晉代郭璞的《葬經》有云：「古人聚之使不散，行之使有止，故謂之風水。」**聚之使不散**，是因為與「**風**」有關；行之使有止，主要是「**水**」的影響。

不要不信邪，有球隊正在**連勝旺運**時會穿同一件顏色球衣、揮擊同一種顏色木棒，甚至會持續跳同一種慶功舞蹈；同理，連敗的時候，還會去廟裡面拜拜請師父「灑水改運」或者在球場「掛鳳梨」、「旺旺XX」等零嘴餅乾盼能止敗。

不過「**連敗時的止敗**」比起連勝更令人解氣，因為「**只有贏球時心情才會舒暢，所有鬱悶皆能拋諸腦後……**」

如果你是球迷，不知是否作夢會偷笑，哈哈哈！這個就是「**人性**」，因為沒有人想要一直輸啊！況且經常輸球還會被人家誤會是不是在打假球；如果真的是這樣，他們演技也太好了吧！

所以，前時報鷹總教練李瑞麟就說：「想斷絕與賭徒掛勾的不好聯想，最好的辦法就是贏球。」果真是一針見血！

國際賽與職棒比賽都一樣，只要能贏球拿冠軍，肯定沒有球迷會去指責選手，因為光是「開心」就足以忘卻其他事。

要成為球迷信賴的先發球員且讓球隊有歸屬感，球員本身得先要表現出不錯的打擊率及上壘率。

洛言64

該你的就是你的，這不必爭；不該是你的就算是強求，也只會是短暫，這也不用爭。所以，還需爭什麼？「連勝」固然可喜，直指名利。「止敗」令人心醉，乃為淡泊。

◆個人連勝紀錄的堅持

不只是團隊連勝紀錄令人瘋狂，就連個人的連勝紀錄也值得喝采。這邊推薦兩位MLB殿堂級的球星，一位投手（國聯）、一位打者（美聯），兩位投打雙雄該拿的獎項幾乎都拿過，入選名人堂不言而喻。

不過個人**連勝紀錄**維持還是得看隊友的幫忙，就**以投手為例**，如果沒有隊友的守備及打擊支持，哪來**連續勝投可拿**；再**以打擊為例**，如果沒有球團配合壘上有人時的戰術運用，打者不見得每場比賽都有自由揮擊、甚至擊出安打的時候，這樣的話何來連續安打場次的推進呢？

傳奇巨星	DiMaggio（打者）	Hubbell（投手）
成就品項	連續安打56場	連續勝投24場
經典獲獎	國聯 [打擊王] [全壘打王] [打點王]	美聯 [防禦率王] [勝投王] [三振王]
最有價值球員	國聯MVP	美聯MVP
特殊經歷	完全打擊	投出無安打
團隊經歷	世界大賽冠軍 [舊金山巨人]	世界大賽冠軍 [紐約洋基]

重點是「功成不居、不卑不亢」的名監督野村克也說：「如果長島與王貞治像是白天盛開的向日葵，那我就是夜裡默默綻放的月見草。」

◆打贏了為你鼓掌、輸了也為你心疼

莫非定律有一條是：「所有任務的完成時間都會比你預計的時間還長」，因為任何事件經歷總有意外、波折甚至要再修正，絕對不會跟想像的一樣完美，所以要學會「忍耐、等待及合理的失敗」。

曾經有一段歷史典故，如果杜鵑不啼叫，但想要聽到這杜鵑的叫聲，有什麼好方法嗎？當時捲起千堆雪的日本幕府德川家康是這麼回答的：「**杜鵑不啼，則待之啼。**」其中的「待」字，就是**耐心等待**。在織田信長和豐臣秀吉時期擔任家臣屬下的他，一直持續忍耐並逐步壯大自己的實力，最後終於開創出200多年的德川新時代。

筆者跟各位球友一樣欣賞過多場職棒比賽，如果你真的是球迷，even自己支持的球隊經常輸球，頂多開口罵罵幾天之後，半數以上球迷還是會繼續支持原來的球隊。

不過絕大部分的球迷比較**不能接受「因為失誤而輸球」**，還有另一種是「**球隊分數一旦落後變多時，球賽剩下的就成為垃圾時間**」，而且球團完全不在意球迷的感受。

神奇逆轉勝
九局下半速攻9分
Copyright©Mily
1 2 3 4 5 6 7 8 9 10 R H E
領先者 1 0 3 2 0 0 1 0 1 8 14 6
逆轉勝 0 0 0 0 0 0 0 0 9 9 13 5
AT BAT 9
BALLS
STRIKES
OUTS H E

◆戲劇張力最強的「逆轉秀」

如果說「止敗」比起連勝更令人陶醉，那麼神奇的「**逆轉勝**」跟「**止敗**」就有著異曲同工之妙。筆著形容**止敗**就好比酷熱夏天終於喝到有碎冰的綠豆沙，透心涼的感覺油然而生、十分愜意，而**逆轉勝**就好像大熱天打完籃球，全身冒熱汗，卻發現買飲料忘了帶錢，**正當絕望時剛好遇到同學多買一瓶冰沙請你喝**，簡直久旱逢甘霖。

日本甲子園有一場地區性的決賽，星稜高校9局下半時仍以0比8落後大谷高校，原本大家都以為比賽就要結束，很多觀眾也已離開球場，沒想到星稜竟然絕地大反攻，先利用兩個出局數攻下8分，最後以再見安打9比8演出神奇逆轉秀，氣走大谷高校獲得晉級。

既然**反敗為勝的比賽**如此不可思議，筆者有感而發寫下了以下這段英文座右銘：**Never put off till tomorrow's newspaper report what you can see in the baseball game today.** 意思是說：「不要等明天看到新聞報導，才後悔你今天沒有把球賽看完」。

這就是棒球。其戲劇張力之強，常常令人如痴如醉、流連忘返。

洛言65

其實球迷也是買票進場，他們很在意球團是否在乎他們的感受，就像有時候教練會安排「敗戰處理投手」，打發局數，這樣其實是很不堪的……。

◆球場輸贏，勝敗人生

猶太父母願意投資孩子的教育，提升其讀寫計算以及理性解決問題的能力。自從諾貝爾獎設立以來，猶太人共拿走了將近20%物理、化學以及醫學獎。除此之外，他們還拿走了30%以上的奧斯卡獎以及象棋冠軍。據報導猶太家族培育下一代的**學習方式**，包括「**聆聽**、**等待**、**包容**」三個祕訣，運用「**提升孩子自信**」的模式與孩子對話，成功帶動猶太孩子在世界各領域獨領風騷。

所以，**透過學習與自我挑戰可以改變人生**，甚至**可以為兩性平等定位**。AMD超微執行長蘇姿丰分享她的經營理念：「在企業組織中女性不該受限於他人看法，應勇於自我挑戰最困難的事，去創造歷史。畢竟細心、重視員工感受與福利，往往**正是女性領導者最柔軟的管理優勢**。」

筆者醉心於棒球比賽，體會「**無常**」是如此的心驚膽戰、扣人心弦。球賽瞬息萬變，任何一球都可能決定勝負。你可以學習去贏球，但卻避免不了過程中的三振、失誤、雙殺，甚至是球迷的羞辱。

洛言66

丟了錢財，損失輕微；失去名譽，損失慘重；
沒了自信，無藥可救。

德川家康為後世留下了遺訓，其中這句是筆者最喜愛：「如果只知道贏，不知道輸，最終只會害了自己」。

不管今天的比賽有多慘烈，贏了固然開心、值得慶祝，輸了也不必灰心喪志、自甘墮落。重要的是：**明天還有比賽，是全新的開始。**

從事教育工作多年，發現畢業後的莘莘學子偶爾會有**情場失意、世界灰暗**的時候，甚至成為社會新鮮人時偶爾有空會來找筆者聊聊。筆者常拿桌案上的莊子名言與學生分享：「相濡以沫，不如相忘於江湖」。大致意思是就算經歷過深刻的愛情，但**如果不能美好的維持下去，不如就把這份記憶放進浩瀚的時空**中，使彼此不受羈絆，轉身還我自在。

因為相戀的男女會互相沉浸、滿足於彼此的情感需求，說穿了**只是際遇中的鏡花水月，根本無法與這無垠的宇宙運行相提並論**，而且時盡緣滅，如果甜蜜不復從前，那什麼才是真的「永恆不變」呢？

看過《淚之女王》的朋友應該都會被一段佳言深深撼動：「分手又沒有什麼大不了的，一定是覺得生不如死才會想要分手吧……至少感覺比死還好。」

沒有比較，就不會有傷害。你，悟透了嗎？

洛言67

回歸大自然，「悟透而不須看破」，將會是比較好的註解。

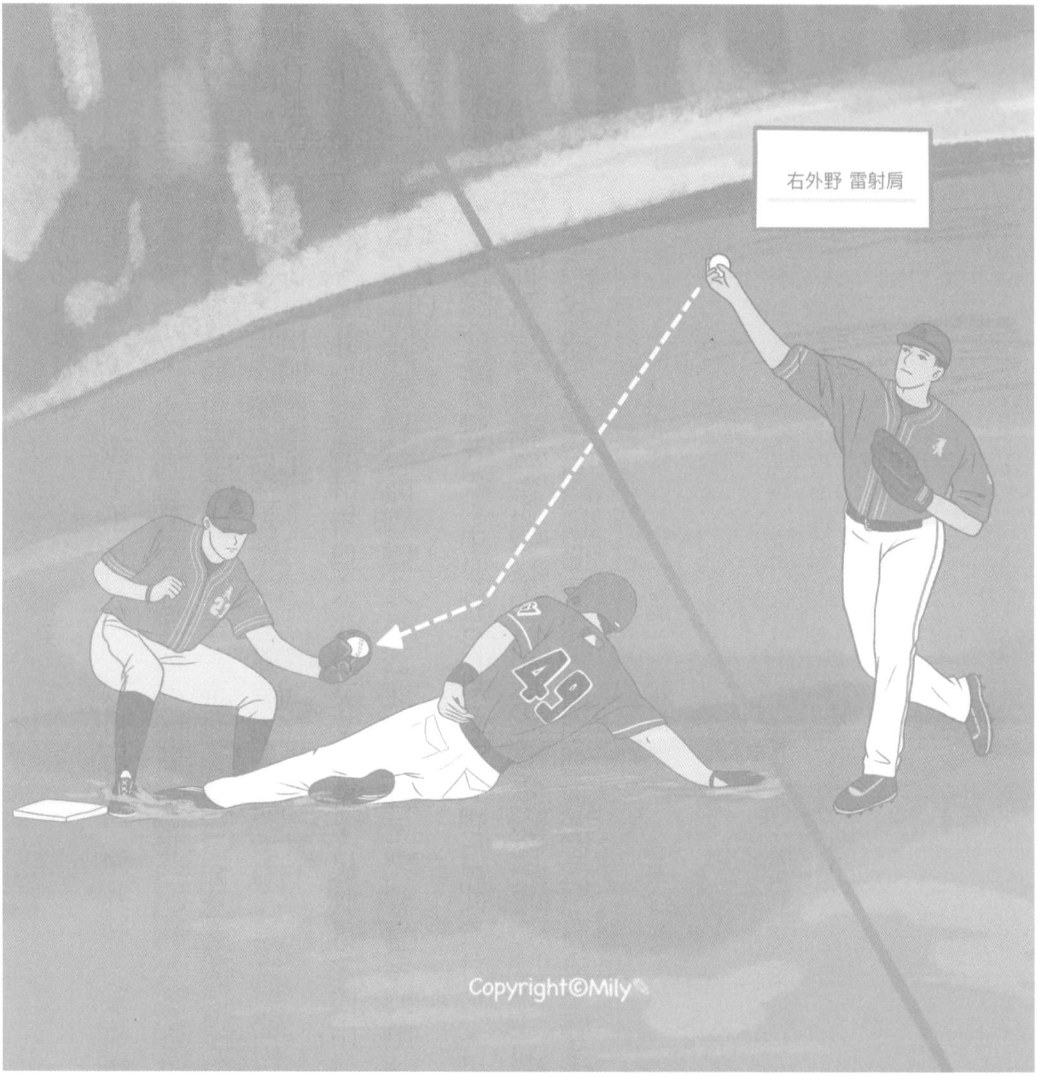

「防守就是最好的攻擊」， 一個有著雷射肩般外野手的球隊，等同無形中得到會為球隊省下失分的寶劍，也為球隊得到贏球保證。

守備率的分母為刺殺＋助殺＋失誤，所以守備率愈高的選手，失誤次數相對 也會比較低，因此球隊相對也會比較放心。
通常「失誤較少」的那一方會贏得勝利，比賽就是這樣，沒有人想要失誤，但這卻是人生無常的一部分。

◆什麼是看破？

「**看破**」指的是對情感本身徹底失望，對人生毫無眷戀，呈現**山窮水盡**的**消極面**；而「悟透」卻能看穿人性背後的情感本質，除了能不起執念，還能等待**柳暗花明**的**積極面**。

棒球終究就是如此，能夠明白比賽勝負的特質，且對明天全新開始的每一場都能充滿熱情、寄託希望，這才是看待比賽的美好初衷。

立足打擊區，環顧球場、放眼人生，筆者謹以名球癡葉國輝先生的金句與大家共勉：「**方圓球場以處世，球路曲折知應變；攻守進退球有方，勝敗得失即人生。**」

回首來時路。

本書下筆始於第五屆WBC世界棒球經典賽，冠軍是日本隊；完稿結束於同年MLB世界大賽，最後由遊騎兵隊封王。筆者最後謹向「為自己」、「為家人」還有「為社會」努力不放棄的所有球迷朋友致敬。

感謝你們所有的付出。既然你們已經盡了心力，這樣就已足夠。

至少無憾。

洺言68

把球對月，心繫球賽志常養；御筆隨風，意貫人生鋒自藏。

在球場上是球迷可以跟家人團圓、好友歡聚，以及戀人放閃的「超級運動派對」場域，因為大家只有一個共同目標：為自己支持的球隊加油並贏得勝利。

想要順利將跑者觸殺在壘包之前，除了捕手要掌控好傳球Timing之外，接球野手的「手套」擺放位置也是非常的重要。
該做的都努力過，至少你已經盡了力，了無遺憾！

能拿到世界大賽的冠軍，是多少職棒選手的夢想。

參考文獻（按單元、筆畫序）

中華職棒聯盟競賽記錄暨播報組編輯（1990至2023）《中華職棒記錄年鑑》。中華職棒。

スポニチプロ野球（2023以前）《日本職棒選手名鑑》。Sponichi Annex 出版。

李淑芳（2007）《注目！日本職棒一流選手》。商周出版社。

許昭彥（2014）《輕鬆看懂美國職棒》。新銳文創。

張尤金（2021）《鈴木一朗：天才的人間力》。奇光出版社。

張尤金（2022）《大谷翔平：天才二刀流挑戰不可能的傳奇全紀錄》。奇光出版社。

曾文誠、陳志強、羅國禎、曾湋文（2009至2023）《棒球驚嘆句1.2.3.》。好讀出版社。

葉勁軍（2015）《易經卦象解密》。新文豐出版社。

蔡佈曦（2023以前）《美國職棒年鑑》。太普公關出版社。

對話1

堡壘文化特約編輯部（2023）《世界棒球經典賽觀戰特輯》。堡壘文化。

對話2

大學招生策略研究小組（2023以前）《大學甄選入學學測落點分析》。大考通訊社。

對話3、4

孫唯洛（2022）《高中數學必考公式》。鴻漸文化。

對話5

Scott Barry Kaufman。張馨方譯（2021）《巔峰心態：需求層次理論的全新演繹，掌握自我實現致勝關鍵》。馬可孛羅文化。

武忠賢（2023）《輝達黃仁勳》。時報文化。

楊嘉俊（2017）《AED達人教你快速救命》。大笑文化。

對話6

何鎧成（2019）《球學：哈佛跑鋒何凱成翻轉教育》。天下文化。

高志綱（2014）《評估中華職棒例行賽犧牲觸擊戰術得分機率》。台體大碩士論文。

海宴（2014）《瑯琊榜》。繪虹企業。

傅佩榮（2013）《掌握人生希望的40把鑰匙》。幼獅文化。

對話7

防彈少年團，姜錫明（2023）《Beyond the story：10-Year record of BTS》。高寶出版社。

游常山，胡芬芳（2023）《大谷翔平：大聯盟傳奇二刀流》。大好文化。

對話8

Tony Castro（2018）《Gehrig and the Babe：The Friendship and the Feud》。Amazon Services。

王貞治（2012）《悸動！我的野球人生》。玉山社出版事業股份有限公司。

孫唯洺（2023）《高中數學解題KnowHow：代數機統之倚天神劍》。鴻漸出版社。

對話9

John W, Gardner（1993）《On Leadership》。Amazon Services。

對話10

Who? K-POP 韓文版（2022）《IU 李知恩（航空版）》。映象出版社。

方文山（2014）《如詩一般》。華人版圖。

依睿（2008）《周杰倫：美侖美奐》。中國工人出版社。

對話11

許志農等（2023）《高級中學數學第二冊》。龍騰文化股份有限公司。

蘇偉馨（2016）《隨手資源回收玩創意，生活中實踐環保和美學》。商周出版。

對話12

Yu Darvish 編輯（2014）《達比修有的變化球聖經》。日本每週棒球出版。

內政部統計處（2022）《中華民國110年國民生活狀況意向調查報告》。內政部。

張嘉佳（2015）《從你的全世界路過》。新經典文化。（電影：《擺渡人》）。

對話13

Abdul-Jabba。吳程遠譯（2019）《籃球讓我成為更好的人》。真文化出版。

社會救助及社工司（2023）《台灣愛心土耳其賑災捐款統計》。衛生福利部。

對話14

Howard Schultz, Joanne Gordon。簡秀如譯（2019）《平地而起：星巴克與綠圍裙背後的承諾》。聯經出版。

對話15

和田毅。林巍翰譯（2023）《練習，拉近了我與天才的距離》。時報文化。

張嘉佳（2015）。《從你的全世界路過》。新經典文化。（電影：《擺渡人》）。

對話16

田中顯。陳姿瑄譯（2015）《就是愛打棒球！讓你技巧進步的漫畫圖解棒球百科》。小熊出版。

對話17

池末翔太。陳識中譯（2023）《高中物理筆記》。台灣東販出版公司。
余清逸（1994）《唐詩集聯選編一二三》。蕙風堂出版公司。
金熙元導演。朴智恩編劇（2024）《淚之女王》。Netflix發行。
金庸（2022）《倚天屠龍記》。遠流出版社。
劉江江導演（2022）《人生大事》。中國電影股份有限公司。

對話18、19

周星馳導演（2004）《功夫》。星輝海外有限公司。
唐福睿（2023）《八尺門的辯護人》。鏡文學出版社。

對話20

Alex（2023）《Brooks Robinson Quotes棒球年鑑Baseball Almanac》。Sportszone。

對話21

Various（2022）《Aaron Judge》。All-Star Books。
江振誠（2023）《工作美學》。天下出版社。

金庸（2022）。《笑傲江湖》。遠流出版社。

曾國藩（2020）。《曾國藩家書．家訓》。商周出版社。

對話22、23

林立書導演。編劇林珮瑜、陳文梓（2019）《最佳利益》。黑劍電視節目公司。

周浩旻。詹湘伃譯。（2018）《與神同行：台灣收藏版》。水靈文創。

姜草。（2020）《moving：少年們》。中國友誼出版公司。

徐譽庭導演（2024）。《不夠善良的我們劇本書》。印刻出版社。

蘇建文（2022）《火眼金睛與0.4秒的判斷：中華職棒鐵面裁判蘇建文的三千站場》。春光出版社。

對話24

Herzberg，Frederick（2017）《Motivation to Work》。Routledge。

王貞治（2012）《悸動！我的野球人生》。玉山社出版事業股份有限公司。

對話25

Guillaume de。周怡芳譯（2005）《湯姆．克魯斯偷走我的人生》。沃爾出版社。

Joy, Goegory（2022）《Ruth Bader Ginsburg》。Ingram。

Maggie O'Farrell。葉佳怡譯。（2023）《哈姆奈特（奧斯卡最佳導演趙婷改編）》。新經典文化。
吹上流一郎。呂真真譯。（2004）《木村拓哉的軌跡》。尖端出版社。
沈春華。（2007）《兩滴眼淚的幸福》。皇冠出版社。
李篤捷。（2012）《那一年我們一起瘋的明星風采》。新銳出版社。
鄭淑。林彥譯。（2015）《韓國影視講義》。大家出版社。
羅倫・拉森比。蔡奇偉譯。（2015）《麥可喬丹傳》。遠流出版社。

對話26

呂秋遠。（2021）《遇見熟年後的自己》。三采出版社。
孫唯洛。（2023）《高中數學解題KnowHow：解析幾何之屠龍寶刀》。鴻漸出版社。

對話27

古木。（2020）《德川家康》。漢湘文化。
金泰允。林育帆譯（2021）《從小學到大學，猶太父母這樣選擇教育，子女一生富足》。任性出版社。
金熙元導演。朴智恩編劇（2024）《淚之女王》。Netflix發行。

國家圖書館出版品預行編目 (CIP) 資料

與棒球公式的經典對話/孫唯洺 作. -- 第一版.
-- 新北市 : 商鼎數位出版有限公司, 2024.05
面； 公分
ISBN 978-986-144-267-9(平裝)

1.CST: 成功法

177.2 113005812

與棒球公式的經典對話

作　　者　孫唯洺

發 行 人　王秋鴻
出 版 者　商鼎數位出版有限公司
地址：235 新北市中和區中山路三段136巷10弄17號
電話：(02)2228-9070　傳真：(02)2228-9076
客服信箱：scbkservice@gmail.com

編輯經理　甯開遠
執行編輯　陳資穎
獨立出版總監　黃麗珍
美術設計　黃鈺珊
編排設計　商鼎數位出版有限公司

商鼎官網
來出書吧！

2024年5月30日出版　第一版／第一刷